ERNEST DAUDET

LES AUTEURS DE LA GUERRE DE 1914

II

# GUILLAUME II

# ET FRANÇOIS-JOSEPH



ATTINGER FRÈRES, ÉDITEURS

PARIS
30, Boulevard St-Michel

NEUCHATEL
7, Place A.-M. Piaget

# GUILLAUME II ET FRANÇOIS-JOSEPH

LES AUTEURS DE LA GUERRE DE 1914

**DÉJA PARU :**

I. BISMARCK

---

**POUR PARAITRE PROCHAINEMENT :**

III. LES COMPLICES

*Il a été tiré, pour chacun des trois volumes, 20 exemplaires numérotés sur papier de Hollande au prix de 15 francs l'exemplaire.*

ERNEST DAUDET

LES AUTEURS DE LA GUERRE DE 1914

II

# GUILLAUME II

# ET FRANÇOIS-JOSEPH

ATTINGER FRÈRES, ÉDITEURS

PARIS
30, BOULEVARD ST-MICHEL

NEUCHATEL
7, PLACE A.-M. PIAGET

# INTRODUCTION

Je crois avoir démontré dans le premier volume de cet ouvrage[1] que le prince de Bismarck, chancelier de l'empire d'Allemagne jusqu'en 1890, a été le grand préparateur de la guerre de 1914 et que les événements tragiques, dont nous sommes aujourd'hui les témoins et les victimes, sont la conséquence de la politique criminelle inaugurée par lui en 1864.

Dans les pages qui suivent, second volume de mon récit, on verra son impérial élève, Guillaume II, évoluer dans la voie qu'il lui avait ouverte, le dépasser en rêves monstrueux de conquêtes et d'hégémonie et compléter l'empoisonnement de l'âme allemande en excitant sans cesse ses convoitises et en recourant systématiquement au mensonge ; on

1. *Les auteurs de la guerre de 1914. — I. Bismarck.* Paris, Attinger frères, éditeurs.

le verra traîner à sa remorque le vieil empereur François-Joseph, devenu depuis longtemps son vassal et en faire son complice ; on le verra enfin déchaîner sur l'humanité horrifiée le cataclysme dont ils portent l'un et l'autre la responsabilité devant Dieu et devant les hommes.

Les recueils de documents diplomatiques, publiés par les gouvernements engagés dans la guerre actuelle, permettent de suivre dans leurs grandes lignes les origines et les développements de cette crise qui, au mois de juillet 1914, a mis le monde en feu et l'a livré à des calamités effroyables. Mais ils n'en éclairent pas tous les dessous ; ils n'en font pas ressortir dans toute son horreur le caractère tragique et, pour certains d'entre eux, on peut affirmer que, sous des phrases de convention, ils dissimulent la vérité ou ne la disent pas tout entière.

Cependant, quand nous regardons de près à l'épisode initial de cette guerre, à ce drame mystérieux et sombre dont les péripéties se sont déroulées en Bosnie, en Serbie et à Vienne, du 28 juin à la fin de juillet, c'est surtout de vérité que nous sommes assoiffés. A cette dernière date, nous n'en sommes encore qu'au prologue du cataclysme. Mais ce prologue met en scène des passions et des acteurs qui semblent appartenir à des temps où la civilisation n'avait pas encore répandu ses bienfaits et opposé, partout où elle pénétrait, les préceptes de l'Évangile aux fureurs de la barbarie. Les grands poètes tragiques du passé y trouveraient les éléments d'une épopée théâtrale qui le ferait revivre avec ses scènes pathétiques encore imparfaitement connues et avec les personnages qui, dès ce moment, commençaient à évoluer dans le vaste décor que les peuples en armes devaient bientôt ensanglanter ; empereurs, rois, princes héritiers, hommes d'État, dont le nom est aujourd'hui sur toutes les lèvres, et dont quelques-uns sont entrés dans l'histoire écrasés sous la responsabilité la plus effroyable.

Mais, à défaut des prestigieux évocateurs que mériterait un drame de cette envergure, l'historien, plus modeste dans ses prétentions, peut essayer de mettre en lumière les personnages de l'action, rechercher quels sont parmi eux les plus coupables et, d'accord avec le sentiment universel, les désigner à la flétrissure des contemporains et de la postérité.

Lorsque, à la lumière des pièces diplomatiques et documents divers qui sont maintenant sous nos yeux, on remonte aux origines de la guerre, on acquiert la conviction que l'empereur d'Allemagne est l'auteur responsable de ce grand cataclysme ; dès lors on est amené à se demander comment, après avoir tenu à honneur pendant plus d'un quart de siècle de s'affirmer devant l'Europe comme l'artisan de la paix, et n'avoir perdu aucune occasion de convaincre le monde qu'il attachait le plus grand prix à parvenir à la fin de son règne sans avoir permis que la guerre éclatât, il s'y est décidé tout à coup en s'infligeant à lui-même le plus incompréhensible démenti.

La question resterait insoluble si l'on admettait, comme nous l'avons cru longtemps, que sa longue attitude pacifique a toujours été sincère et qu'elle ne dissimulait pas l'espoir de devenir le maître du monde sans que personne osât le lui disputer ou le dessein de faire la guerre lorsqu'il se sentirait tout à fait prêt, et après avoir trompé ceux à qui il voulait la déclarer en leur inspirant une absolue confiance dans son désir de paix.

A cet égard nous sommes maintenant fixés. Son désir de paix n'était qu'en façade. Peut-être se flattait-il de réaliser ses desseins sans combattre ; mais il ne cessait pas de se préparer à la guerre. A diverses reprises, nous avons pu suspecter sa sincérité, tantôt lorsque impulsif ou réfléchi, il laissait tomber de ses lèvres des propos sous lesquels grondait la menace ; tantôt lorsqu'il se livrait à l'improviste à des actes qui trahissaient une colère intérieure et des velléités belliqueuses : tels sa visite à Tanger et plus tard l'envoi d'un vaisseau de guerre à Agadir ; ou encore lorsque, comme on le verra dans le troisième volume de cet ouvrage, il cherchait des complices en vue de l'entreprise qu'il préparait.

Une lettre prophétique de M. Jules Cambon, ambassadeur de France à Berlin, qui figure dans le « Livre Jaune » et dont nous reparlerons plus loin, précise le moment où le masque impérial est définitivement tombé et où l'on a pu lire dans ce cœur ténébreux. C'est le roi des Belges qui, au mois de novembre 1913, en a été le confident.

Peut-être Guillaume voulait-il, en s'adressant à lui, l'impressionner et le disposer à ne lui point opposer de résistance au cas où, un conflit éclatant entre l'Allemagne et la France, il lui demanderait de laisser l'armée allemande passer par la Belgique ; peut-être aussi est-ce en cette circonstance qu'ont été échangées les phrases suivantes qu'on a attribuées aux deux souverains, phrases en tout cas vraisemblables et fulgurantes comme un croisement d'épées :

— Vous n'oublierez pas que vous appartenez à la maison de Cobourg et que la reine est princesse de Bavière, aurait dit Guillaume II.

— Je n'oublierai pas que je suis roi des Belges, aurait répondu Albert I^er^.

Vrai ou non, ce colloque résume admirablement l'état d'âme des deux interlocuteurs au moment où le plus puissant laissait deviner au plus faible les intentions qu'il caressait depuis longtemps mais qu'en dehors d'un entourage qui, s'il les connaissait, ne les révélait pas, il trahissait pour la première fois.

Il est donc certain qu'à la fin de 1913, la guerre était, dans son esprit, chose résolue, alors que, si peu de temps avant, son chancelier disait en parlant de lui à un journaliste français, notre ami le regretté Francis Charmes, qui avait été reçu au palais impérial :

— L'empereur vous a tenu un langage pacifique ; mais sachez qu'il est le seul homme de l'empire à ne pas vouloir la guerre. Vous avez donc tout intérêt à ne pas laisser vos journaux nous provoquer.

Menace révélatrice et à peine dissimulée à laquelle Francis Charmes n'avait pu s'empêcher de répondre qu'il serait au moins nécessaire que les feuilles allemandes donnassent l'exemple à la presse française[1].

Nous ne connaîtrons sans doute jamais avec une certitude absolue toutes les causes pour lesquelles l'opinion que prêtait à l'empereur

1. C'est de lui que je tiens le récit de cet incident.

son premier ministre s'est modifiée, et pourquoi, si elle n'était qu'un masque, comme tout le démontre, il a choisi, pour se trahir, le moment où nous le voyons changer d'attitude. Il n'est pas cependant impossible de les mettre en lumière au moins pour partie.

Il y a d'abord la mentalité de ce prince, héritage que lui ont légué ses aïeux, faite d'orgueil poussé à l'excès, d'ambition démesurée, de tendances à la perfidie et à la ruse plus ou moins hypocritement dissimulées et d'impulsivité révélatrice d'un désordre d'esprit touchant parfois à la démence.

— C'est un fou, disait de lui le roi Edouard VII.

Mais sur ces causes indiscutables tirées de lui-même, s'en était greffée une autre tirée des événements. On était au lendemain du règlement de l'affaire d'Agadir. Elle venait de se dénouer pacifiquement, alors qu'on avait craint qu'elle ne mît aux prises, en des conflits sanglants, les puissances rivales. Ce règlement était honorable pour les deux parties. Il assurait à l'Allemagne la possession de vastes territoires au Congo et il maintenait la suprématie de la France au Maroc; en même temps il écartait le péril d'une conflagration entre la France et l'Allemagne, qu'on avait un moment redoutée.

En ce qui touche la France, ces avantages ont été résumés par M. Jules Cambon dans une lettre privée écrite depuis la guerre et à laquelle nous croyons pouvoir emprunter une phrase :

« Nous sommes dans la lutte, mandait-il à un ami, et à voir combien elle est ardue, je me félicite de l'avoir retardée en 1911, après l'incident d'Agadir, car nous n'aurions eu à ce moment-là ni tous les concours effectifs que nous avons à présent ni le concours moral de la conscience universelle. »

Rien de plus vrai, et l'opinion exprimée en 1914 par l'éminent diplomate était aussi en 1911 celle du peuple allemand. La possession d'une partie du Congo ne le consolait pas de l'avortement des visées de l'empereur sur le Maroc : il déplorait qu'on eût perdu l'occasion d'en venir aux mains avec la France en des conditions particulièrement avantageuses pour la grandeur germanique. Tous les rapports diplomatiques et militaires s'accordent à constater que le règlement d'Agadir a été pour l'Allemagne une déception. Son ministre des affaires étrangères, M. de Kiderlen, qui avait négocié la convention avec M. Jules Cambon, bien qu'il n'eût rien décidé que par ordre de l'empereur, s'est vu l'objet de la réprobation générale. Les militaires, les banquiers, les industriels, les commerçants, tous ceux enfin qui avaient vu dans le Maroc un vaste champ ouvert à leur activité envahissante, maudissaient le diplomate imprévoyant et malhabile, coupable d'avoir laissé s'échapper une si belle proie.

Ce fut, alors et depuis, une recrudescence de la campagne antérieurement commencée contre la France. Lorsque Guillaume II, rompant avec son attitude passée laissait entendre au roi des Belges que la guerre était inévitable, c'est du mouvement nationaliste (que le militarisme prussien propageait de toutes parts dans l'empire et par tous les moyens) qu'il s'inspirait pour reconnaître que le moment était venu de prendre les armes.

Il est vraisemblable qu'une autre circonstance précipita sa décision. Le kronprinz, en plusieurs occasions, s'était ouvertement déclaré pour les mécontents. Il en était résulté pour lui une bruyante popularité et sous le blâme apparent que lui infligeait son père, se dissimulait chez celui-ci la crainte que cette popularité ne s'accrût aux dépens de la sienne.

A ce moment il se croyait très exactement renseigné sur l'état matériel et moral du pays que, depuis si longtemps, il considérait comme un ennemi. A la tribune du Sénat français, un orateur s'était plu à dénoncer l'insuffisance de nos armements, le mauvais état de nos arsenaux et les défectuosités qui, selon lui, paralyseraient en cas de guerre immédiate la défense nationale. A la Chambre des députés, le projet de loi rétablissant le service de trois ans, proposé par le gouvernement, avait rencontré des adversaires résolus et violents ; et les ministres alors au pouvoir avaient dû recourir aux plus énergiques efforts pour assurer à la loi un vote favorable. La minorité ne se consolait pas de son échec. Au mépris de toute prudence, elle propageait le bruit que la nouvelle loi ne fonctionnerait que peu de temps. De ces événements, l'empereur et ses conseillers tiraient cette conclusion que le jour où, en France, la mobilisation serait ordonnée, les citoyens mobilisables répondraient à l'appel qui leur serait adressé en se révoltant et en refusant d'obéir.

D'autre part, les innombrables espions que depuis plusieurs années l'Allemagne entretenait dans notre pays le montraient en proie à une effroyable décrépitude morale ; et il convient d'avouer qu'au moins en apparence, ce qui se passait en France était fait trop souvent pour convaincre des gens moins disposés que les Allemands à ajouter foi à des assertions dont un avenir prochain allait démontrer avec éclat le caractère calomnieux.

Quelque intelligents qu'ils fussent, les espions nous jugeaient sur les apparences ; ils n'avaient pas su voir ce qu'elles cachaient, c'est-à-dire la vigueur de l'âme française, toujours prête à se manifester devant le péril national. Trompés par leurs rapports, nos ennemis étaient convaincus que nous n'étions plus qu'une nation pourrie jusqu'aux moelles, hors d'état par conséquent de se défendre et mûre pour la conquête. C'était si bien la pensée allemande que, dès la déclaration de guerre, elle acceptait, comme une chose prévue depuis longtemps, la nouvelle mensongère que les Parisiens s'étaient révoltés et que le Président de la République française avait été assassiné. Berlin la transmettait à Vienne où le bourgmestre la jetait à la foule du haut des marches de l'Hôtel de Ville.

Telles sont les données dont s'inspirait, dès 1913, l'empereur Guillaume, sans en comprendre la fragilité, lorsqu'il se décidait à mettre à exécution le plan infernal en vue duquel, tout en se proclamant l'apôtre et le gardien de la paix mondiale, il forgeait depuis si longtemps les instruments qui devaient la détruire, anéantir la France et assurer à l'Allemagne l'Empire du monde.

On le connaît maintenant, ce plan. Il consistait, on le sait, à jeter l'Autriche sur la Serbie, à provoquer ainsi la Russie, à dominer par l'Italie dans la Méditerranée, à envahir la France par une attaque brusquée en passant par la Belgique, à marcher en rapides enjambées sur Paris ; puis, lorsque les Allemands, grâce à la vitesse de leur marche, s'en seraient emparés presque sans coup férir ; lorsqu'au terme de cette promenade militaire que favoriseraient, afin de terroriser les populations, des pillages, des massacres, des incendies, des prises d'otages, ils tiendraient Paris, l'auteur de ces projets qui ne pouvaient être exécutés qu'en violation des traités, du droit des gens, des lois de la guerre et des conventions de La Haye signées par lui, lancerait le gros de ses armées, unies aux armées austro-hongroises, contre la Russie afin d'empêcher cette puissance de défendre son alliée.

Néanmoins, pour que ce plan pût aboutir, il fallait que l'Italie y donnât son consentement ; il fallait que la Belgique se résignât à livrer passage à l'armée allemande ; il fallait que l'Angleterre laissât porter atteinte à la neutralité belge ; il fallait enfin que la France ne fût pas en état d'empêcher l'ennemi d'entrer dans sa capitale. Mais sur tous ces points, Guillaume II, dans son infatuation, était sans inquiétude.

Bien que ni lui ni l'Autriche n'eussent consulté l'Italie avant de décider la guerre, il ne mettait pas en doute sa fidélité à la Triple alliance. Il était convaincu que la Belgique, sentant sa faiblesse, se soumettrait à ses exigences ; que la Russie ne pourrait mettre sur pied ses armées en temps utile et que l'Angleterre, paralysée par la gravité de sa situation intérieure comme par la crainte de voir se révolter ses sujets coloniaux et ses protégés, fermerait les yeux.

Enfin, mal renseigné par ses espions, trompé par la violence des polémiques de presse, par les débats du parlement, révélateurs des divisions intérieures du pays et de son impuissance militaire, il croyait la France hors d'état de lui barrer le chemin. Il se flattait de pouvoir l'envahir, lui dicter ses lois, la dépecer, lui prendre une partie de son territoire et ses colonies, avant même qu'elle n'eût opéré sa mobilisation. Que pouvait contre lui une nation qu'on lui dépeignait comme sans foi, sans croyances, en désaccord sur toutes les questions vitales, énervée par ses querelles, contaminée par le pacifisme et n'ayant, si ce n'est à sa frontière de l'Est, ni soldats aguerris, ni chefs capables de les conduire au combat ? Il suffirait de paraître à cette frontière et à celle de la Belgique avec la supériorité du nombre pour en rendre en quelques jours l'accès facile ; une fois là, un vigoureux effort permettrait de la franchir.

Nul n'ignore comment ce brillant échafaudage s'est écroulé et de quelles déconvenues son écroulement a été la cause pour l'architecte qui l'avait élevé, attestant ainsi son défaut d'habileté et de clairvoyance. L'Italie refusant de prendre part au conflit et se déclarant neutre, voilà, pour le puissant potentat et pour son complice autrichien, la première déception. L'héroïque soulèvement de la nation belge à la voix d'un roi digne d'elle lui a infligé la seconde. La troisième lui est venue de l'Angleterre qui, d'un élan unanime, s'est portée au secours de la Belgique. Il a été également déçu par la magnifique attitude de la France, par l'admirable régularité de sa mobilisation, par l'oubli spontané de ses dissentiments, — cet oubli qui l'a transformée et promet de la régénérer à la faveur de l' « Union sacrée », — par la résistance qu'elle a opposée à l'envahisseur, et enfin par l'obligation où il s'est vu, alors qu'il allait atteindre Paris, de revenir sur ses pas et de battre en retraite en des circonstances dont le dénouement glorieux pour les alliés est entré dans l'Histoire sous le nom de victoire de la Marne.

Toutefois ce n'était pas assez pour le décevoir que ses projets fussent ainsi déjoués. La campagne de l'Aisne, les progrès lents mais sûrs de ses adversaires, l'impossibilité de briser la vaillance belge, les défaites de l'Autriche en Serbie, la marche des Russes contre les pays austro-hongrois, leur apparition dans la Prusse orientale et la prise de ses colonies asiatiques par le Japon ont démenti successivement, dès les premiers mois, les promesses de victoire foudroyante à l'aide desquelles il a grisé la nation allemande.

Il n'avait pas cependant vidé la coupe des humiliations. Une autre déception l'attendait et il n'a pas pu s'y dérober. En entraînant dans son entreprise la bande qui tyrannise la Turquie et en faisant proclamer la guerre sainte par le cheik El Islam de Constantinople, il espérait soulever contre les alliés leurs sujets musulmans. Dans un télégramme à son fils, il a même prédit leur révolte. Mais ici encore il a été déçu. En dehors de la Turquie, les musulmans ont refusé d'obéir au Sultan de Constantinople. Outre que tous ne reconnaissent pas en lui le descendant du Prophète et le Commandeur des croyants, ils n'ont pas voulu subir la domination allemande. Au destin dont elle les menaçait, ils ont préféré les avantages matériels et civilisateurs qu'ils doivent aux États dont leurs territoires constituent l'empire colonial. Non contents de rester sourds aux appels qui leur étaient adressés, ils ont apporté à ces États dans un vigoureux élan de loyalisme, le secours de leurs bras, leurs armes et plusieurs d'entre eux leurs trésors.

Ainsi s'est effondré, à travers les péripéties tragiques qui constituent l'Histoire de la guerre, le plan initial dont les auteurs avaient annoncé le succès avec fracas. A la fin de l'hiver de 1915, après huit mois de luttes géantes et meurtrières, qui ont coûté la vie à des milliers d'êtres humains, cet échec total ne faisait plus doute pour personne ; il éclatait à tous les yeux. Bien que les armées impériales occupassent encore la France et la Belgique, et qu'aux frontières de l'Autriche-Hongrie et de la Prusse orientale, elles eussent obligé les forces russes à reculer, le succès final des alliés apparaissait aux observateurs attentifs comme inévitable, en dépit de la piraterie qu'au mépris de toute humanité et du droit des gens, l'Allemagne exerçait sur terre, sur mer et dans les airs.

Cette foi dans la victoire n'a fait que se fortifier depuis, par suite des événements militaires qui sur tous les fronts ont mis en péril les armées impériales. Bien que chez nos ennemis on ne connaisse pas encore toute la vérité, des inquiétudes s'y manifestent en même temps que se prolonge cette guerre qui devait être rapide et victorieuse et qui dure depuis deux ans. Il y a quelques jours, un journal allemand s'en faisait l'écho en ces termes :

« Nombreux sont nos calculs qui ont été déçus. Nous pensions que les Indes anglaises se soulèveraient au premier coup de feu qui serait tiré en Europe, mais en réalité des milliers d'Indiens sont venus avec les Anglais pour nous combattre. Nous prévoyions que tout l'empire britannique serait mis en pièces, mais ses colonies se sont rapprochées, plus que jamais, de la mère-patrie. Nous nous attendions à une révolte triomphante dans l'Afrique du sud ; elle n'a été qu'une faillite. Nous espérions des troubles en Irlande, mais l'Irlande a envoyé ses meilleurs soldats contre nous. Nous songions que le parti de la paix à tout prix dominerait en Angleterre, mais il s'est évanoui dans l'ardeur de combattre contre l'Allemagne. Nous estimions que l'Angleterre était dégénérée et incapable de peser dans la balance, cependant elle est notre principale ennemie. Nous pensions la France dépravée et divisée et nous trouvons en elle un adversaire formidable. Nous avons cru le peuple russe trop mécontent pour se battre pour son gouvernement et nous avons établi nos plans sur la supposition d'un effondrement rapide de la Russie, mais elle a mobilisé rapidement ses millions d'hommes, son peuple est plein d'enthousiasme et sa puissance est écrasante. Ceux qui nous ont menés dans toutes ces erreurs ont mis sur leurs épaules une lourde responsabilité. »

Voilà donc à quels résultats aboutit l'audace criminelle dont Guillaume II a fait preuve en déchaînant le cataclysme sur le monde alors que, d'un mot, il pouvait le conjurer. L'événement est de telle nature qu'il égale les plus effroyables que l'humanité ait vus se dérouler au cours des siècles. Il les dépasse même non seulement par ses origines mais encore par ses conséquences qui se résument en quelques mots : le monde délivré du militarisme prussien. A ce titre, il mérite que l'Histoire en retienne au passage les péripéties et qu'à la lumière des documents que nous possédons déjà, elle établisse d'une manière aussi précise que possible à qui en remontent les responsabilités.

S'il est démontré que depuis le traité de Francfort, qui consacra la défaite et le démembrement de la France, l'Allemagne n'a cessé de regretter de ne l'avoir pas rendu plus onéreux pour la noble vaincue; s'il est prouvé qu'elle n'a pas cessé de vouloir la guerre et de s'y préparer afin de consommer l'écrasement de son ennemie; et si enfin sa main apparaît visiblement dans la conduite de l'Autriche-Hongrie, c'est bien à sa charge que cette responsabilité sera établie.

Lorsque Guillaume a commencé à sentir peser sur lui la réprobation universelle, il a recruté dans son empire des écrivains à ses gages qui ont recouru au mensonge afin de prouver que leur empereur ne la méritait pas. Ils ont menti quand ils ont affirmé que la France avait provoqué les Allemands en jetant des bombes sur Nuremberg, et les avait ainsi contraints à la guerre, alors qu'il est prouvé que depuis longtemps ils la voulaient et la préparaient ; ils ont menti lorsque, pour justifier la violation de la neutralité belge, ils ont prétendu qu'à défaut d'eux, elle eût été opérée par la France et l'Angleterre avec le consentement de la Belgique ; ils ont menti lorsque, pour se faire pardonner le bombardement sacrilège de la cathédrale de Reims, ils ont affirmé que les Français ayant placé devant la vénérable basilique une batterie d'artillerie, ils s'étaient vus obligés de diriger sur elle leurs canons ; ils ont menti lorsqu'ils ont accusé les alliés de se servir de balles explosives quand c'est eux-mêmes ainsi que les Autrichiens qui employaient ces engins. Longue est la liste de leurs mensonges auxquels d'ailleurs ont été successivement infligés des démentis écrasants, aussi longue que celle des vantardises triomphantes et des prédictions orgueilleuses à l'aide desquelles ils espéraient en imposer aux États neutres et détourner d'eux-mêmes les accusations indignées du monde civilisé. A tout ce fatras de tromperies survit pour eux, aujourd'hui, la honte d'avoir menti en vain, de s'être flattés de remporter des victoires qui allaient leur être refusées et qu'ils ont remplacées par des vols, des massacres et des destructions.

Pour se justifier, Guillaume II déclare aujourd'hui que cette guerre, il ne l'a pas voulue, qu'elle était nécessaire pour assurer l'existence de l'Allemagne dont ses ennemis poursuivaient l'anéantissement. C'est ce que déclarait, en 1866, son aïeul Guillaume I^er^, dans un manifeste à son peuple, à la veille de sa guerre avec l'Autriche : « J'ai tout fait pour épargner à la Prusse les souffrances et les sacrifices de la guerre, disait-il le 18 juin ; ceci est connu de mon peuple et de Dieu, qui voit les cœurs. Jusqu'au dernier moment, j'ai cherché le moyen d'une solution amiable. L'Autriche n'a pas voulu... Ce n'est pas de ma faute si mon peuple doit soutenir un dur combat et souffrir des malheurs, mais nous n'avons pas le choix : *nous devons combattre pour notre existence.* » Quelques années plus tard, le maréchal de Moltke, dans son livre sur la guerre de 1870, infligeait un démenti à cette affirmation : « La guerre de 1866, écrivait-il, n'a pas eu lieu parce que l'existence de la Prusse était menacée, ni pour obéir à l'opinion publique ou à la voix du peuple; ce fut une guerre prévue de longue date, préparée avec calme, reconnue nécessaire par le cabinet, non pour des agrandissements territoriaux ou des avantages matériels, mais pour l'établissement de l'hégémonie prussienne en Allemagne. » A trente ans de distance, la même réponse pourrait être faite aux mensonges de Guillaume II.

Lorsqu'un historien consciencieux et de bonne foi, en reconstituant des événements sensationnels, s'attache surtout à en présenter un tableau impartial et véridique, sa tâche, qui par elle-même serait déjà laborieuse, le devient plus encore si l'étude des documents qui lui servent de guide lui révèle la déloyauté de certains des acteurs qui défilent sous ses yeux et s'il est contraint de se débattre dans une atmosphère de mensonges pour en faire jaillir la vérité.

E. D.

CHAPITRE PREMIER

# AVANT LE CRIME DE SERAJEVO

Bien qu'au mois de juin 1914, l'Europe fût en proie à une inquiétude latente, comme si elle eût pressenti de prochains malheurs, rien cependant ne faisait prévoir l'imminence d'une conflagration générale. Beaucoup de gens la considéraient comme inévitable, mais ils étaient loin de la croire immédiate et, à Vienne, il n'en était pas autrement que dans les différentes capitales. Le ressentiment de l'Autriche-Hongrie contre la Serbie conservait toute sa vivacité. Dans les milieux militaires surtout, on ne se résignait pas à laisser ce petit État garder dans les Balkans le rang qu'il avait conquis. Mais l'occasion de l'en déposséder, qu'on avait cru saisir à une date antérieure, semblait maintenant ajournée. La crainte d'une guerre hantait si peu les esprits que l'ambassadeur de Russie à Vienne, M. Schébéko, venait de partir en congé et que la cour et la société aristocratique se préparaient à prendre leurs quartiers d'été. L'empereur François-Joseph lui-même s'était installé à Ischl, ainsi qu'il le faisait tous les ans.

Quoique cette station balnéaire, située à 50 lieues

de Vienne, ne présente, au premier abord, rien de très pittoresque ni de très attrayant, elle tire du paysage montagneux et boisé qui l'environne assez de charme pour qu'on oublie, quand on y réside, sa physionomie simple et vieillotte. Du reste, il suffisait que l'empereur s'y plût et l'eût adoptée pour qu'elle fût devenue à la mode et le rendez-vous estival du monde élégant.

François-Joseph, ordinairement, y vivait très retiré, dans une société intime d'où était exclue toute prétention à l'étiquette et au cérémonial, sauf lorsqu'il recevait un souverain ou un visiteur de marque. Ses filles, les archiduchesses Gisèle et Valérie, mariées l'une au prince Léopold de Bavière, frère du roi actuel, l'autre à l'archiduc François-Salvator, de la branche de Toscane, venaient le voir fréquemment, la seconde surtout. En outre, il hébergeait des familiers dont il ne se sépare que rarement comme, par exemple, son premier aide-de-camp le comte Paar, compagnon de son enfance, qui doit à leur vieille amitié le privilège de le tutoyer; comme encore le colonel comte Hoyos qui a gagné la faveur dont il jouit grâce à la faculté qu'il possède au plus haut degré de faire rire son souverain par sa gaieté, ses bons mots, ses traits d'esprit à l'emporte-pièce et la diversité des anecdotes joyeuses dont sa mémoire est pleine.

Toutefois, dans cet entourage intime, la plus grande place était tenue par la vieille favorite Mme Catherine Schraat, bien qu'elle fût, en apparence, reléguée à l'arrière-plan. Ses relations avec François-Joseph remontent à un lointain passé. Elles datent de l'époque où, désirant donner à ses sujets des preuves de sa paternelle sollicitude, il avait imaginé de se rendre accessible à tous une ou deux fois par semaine. Il ne prétendait pas imiter saint Louis et distribuer la justice sous un chêne. Mais, à des jours déterminés, le palais impérial était ouvert à quiconque s'y présentait et les visiteurs étaient autorisés à exposer à l'empereur leurs réclamations et leurs requêtes. Catherine Schraat, qui jouissait d'un certain renom comme actrice, était alors dans la plénitude de ses dons de séduction. Ayant des griefs à formuler à propos des choses de son théâtre, elle vint les présenter à l'empereur. Dans cette entrevue, elle déploya toutes ses grâces, égaya son auguste interlocuteur et l'enguirlanda si bien que, quoique la chaîne fût de fleurs, elle ne devait plus jamais se briser. Depuis cette époque, la comédienne, retraitée aujourd'hui, vit dans le voisinage du souverain et, à moins qu'il ne soit souffrant, il va tous les matins, entre six et sept heures, prendre chez elle le petit déjeuner qu'elle lui prépare.

Dans ce rôle à la Dubarry, elle a fait une brillante fortune. Elle passe pour vénale et pour se faire payer les services qu'elle rend. Mais on s'accorde à reconnaître qu'elle n'est pas incapable de désintéressement ni de venir en aide à certaines infortunes, avec un zèle méritoire, et qu'ayant eu le bon goût de ne jamais se mêler de politique, son influence n'a pas été nuisible à l'État. C'est à cela sans doute qu'elle doit l'espèce de bienveillance dont elle est l'objet dans la société viennoise quand on parle d'elle. Loin de se scandaliser de sa liaison avec l'empereur, on paraît lui savoir gré de sa fidélité. Là où l'on sourit de ce vieux ménage, c'est bien moins à elle qu'au souverain, « Herr Schraat » comme on l'appelle, que vont les railleries. Dans la capitale autrichienne, la popularité de la favorite est égale à l'influence qu'elle exerce sur François-Joseph et à laquelle les membres de la famille impériale ont, eux-mêmes, recouru en certains cas.

Lorsque, le 31 janvier 1889, arriva à Vienne la nouvelle de la mort tragique de l'archiduc Rodolphe, c'est l'impératrice qui en fut avertie la première. On avait supposé qu'elle ne voudrait confier à personne la cruelle mission de faire connaître à son époux la mort de leur fils. Mais, écrasée par la douleur, elle se déclarait incapable d'accomplir ce devoir :

— Chargez-en M^me^ Schraat, dit-elle.

En dépit des versions contraires, il semble bien que c'est la favorite, en effet, qui révéla au père le drame affreux qui décapitait sa maison.

En d'autres circonstances moins tragiques, appel a été fait à l'intervention de M^me^ Schraat. Voici à ce propos une histoire qui a couru dans Vienne peu de temps avant la guerre. Ferdinand de

Cobourg, roi de Bulgarie, était venu dans la capitale autrichienne pour voir l'empereur et l'intéresser aux affaires de son royaume. Mais l'empereur, qui de tous temps l'a eu en aversion, ne se hâtait pas de le recevoir. C'était le moment où, dans l'entourage de la favorite, on fêtait sainte Catherine, sa patronne. A cette occasion, elle avait reçu de nombreux cadeaux. Un membre du corps diplomatique étranger s'étant rendu chez elle, elle se plut à les lui montrer et d'abord à lui faire admirer celui que lui avait envoyé l'empereur, son « Franzerl, son petit François », comme elle dit en parlant de lui.

— Mais voici qui est encore plus beau, fit-elle tout à coup.

Et tirant d'un écrin de superbes boucles d'oreilles en brillants, elle les mit en pleine lumière pour en aviver l'éclat :

— C'est Ferdinand le Bulgare qui me les a offertes, dit-elle, et probablement parce qu'il espère qu'à ma requête, l'empereur ne lui fera pas attendre plus longtemps l'audience qu'il lui a demandée.

La cour impériale, quand elle était réunie à Ischl ou à Schœnbrunn, était vraiment une petite cour. Ce n'est pas à dire qu'elle eût toujours été ainsi et sans doute elle était différente lorsque l'empereur n'avait pas encore été affaibli par l'âge. Mais ce n'est un mystère pour personne à Vienne qu'en ces dernières années il a beaucoup vieilli, ce qui n'est pas pour étonner si l'on se rappelle qu'il est né en 1830. On va jusqu'à prétendre qu'aujourd'hui il est, en quelque sorte, hors du gouvernement de son empire et que c'est beaucoup moins en ce qui touche la grande politique que dans les choses d'ordre secondaire qu'on le voit parfois encore, jaloux de ses prérogatives, réagir contre les actes de ses ministres. L'anecdote suivante en serait une preuve.

Au mois de mai 1915, alors que le cabinet du Quirinal allait briser les liens de sa neutralité, une grande dame viennoise demeurée, après trente ans de mariage, une Française irréductible, désirant écrire à une de ses parentes, avait profité d'un courrier que l'ambassadeur d'Italie expédiait à Rome. Dans sa lettre, elle exprimait son ardente sympathie pour la France. Le courrier de l'ambassadeur ayant été intercepté, les lettres qu'il transportait furent ouvertes et celle de notre compatriote publiée dans les journaux au service du Ballplatz.

On parlait déjà de poursuivre cette vaillante femme pour crime de haute trahison, quand elle reçut un message de l'empereur. Il lui marquait son profond regret du procédé dont elle était victime et, conscient des égards qui lui étaient dus, il la priait de vouloir bien oublier ce déplorable incident.

Ce trait est à l'éloge de la gentilhommerie du vieux souverain. Mais au cours de ces dernières années, on n'en relèverait pas beaucoup d'analogues dans sa vie, tandis qu'au contraire les preuves abondent de la docilité avec laquelle, soit indifférence, soit affaiblissement, il se laisse depuis longtemps dominer.

En voici un exemple :

En 1912, par suite de son mauvais état de santé, les réceptions de cour avaient été interrompues. Comme, après son rétablissement, on ne se hâtait pas de les reprendre, le commerce de luxe de Vienne se plaignit de la suppression de l'une des sources de sa prospérité. On jugea nécessaire de lui donner satisfaction. Au début de 1913, le palais impérial se rouvrit ; il y eut un petit bal et quelques dîners auxquels étaient invités des notabilités mondaines, des dignitaires de la couronne, de hauts fonctionnaires et des membres du corps diplomatique. Ceux-ci étaient conviés à tour de rôle et deux par deux. Mais ils durent bientôt constater que, pour empêcher l'empereur d'avoir avec eux à table de longs entretiens, on pressait le service de telle sorte que, mangeant de tout, buvant sec et ayant toujours la bouche pleine, il se trouvait condamné au silence. On a raconté, mais rien n'est moins prouvé, que les choses se passaient ainsi sur l'ordre de l'archiduc héritier François-Ferdinand. Ce qui est plus vrai, c'est que l'empereur ne semblait pas le remarquer.

Il y eut un soir, cependant, où l'on put croire qu'il n'était pas encore incapable d'un accès d'indépendance. Naturellement, il occupait à table la place d'honneur, ayant en face de lui son vieil ami, le comte Paar. Les deux ambassadeurs, placés à la droite et à la gauche du souverain, ne mangeaient guère, d'abord parce que la rapidité du service ne le leur permettait pas et, ensuite, parce que, toujours exposés à ce que l'empereur leur adressât la parole, ils devaient se tenir prêts à lui répondre.

Brusquement, il se tourna vers le représentant français et l'interpella :

— On a donc voté chez vous le service de trois ans ?

— Oui, Sire, répondit l'ambassadeur, et je suppose que Votre Majesté reconnaît que cette réforme était indispensable pour constituer une armée solide.

— Assurément, et vous avez bien fait. D'ailleurs les Allemands vous ont donné l'exemple.

L'entretien promettait de devenir intéressant, mais il y fut coupé court. Les maîtres d'hôtel se précipitèrent pour hâter la fin du repas, et la conversation ne fut pas reprise.

Même en Autriche, personne ne met en doute que l'empereur prend part de moins en moins au gouvernement. En fait, à la veille de la guerre, il avait abandonné déjà la direction de l'empire à l'archiduc héritier, qui n'exerçait guère le pouvoir qu'au point de vue militaire, et à ses ministres, inféodés de plus en plus à l'Allemagne.

Est-ce à dire qu'il y ait lieu de le déclarer irresponsable et eux avec lui? Ce serait contraire à toute idée de justice. Les ministres qui ont envoyé à la Serbie l'ultimatum du 23 juillet et ont ensuite refusé de considérer comme suffisante la soumission du cabinet de Belgrade restent responsables du conflit qu'ont déchaîné leurs exigences et leur intransigeance, et de même le souverain qui a couvert de son approbation leur langage et leur conduite. Tout au plus pourrait-on admettre que la vassalité de l'Autriche-Hongrie à l'Allemagne a entravé leur liberté et qu'ils ont été entraînés plus loin qu'ils ne voulaient aller. Mais ce ne serait qu'une circonstance atténuante qui, même si on leur en tient compte, ne les décharge pas du crime que le monde leur reproche. Elle ne saurait faire oublier que la guerre a été le résultat des méchants desseins qu'ils nourrissaient contre la Serbie.

Quant à la mainmise de l'Allemagne sur l'Autriche-Hongrie, elle ne cesse pas d'être visible à travers les événements qui se sont déroulés depuis la guerre de 1870. On en peut voir les débuts dès le lendemain du traité de Prague qui fit passer de Vienne à Berlin le pouvoir séculaire de l'Autriche sur la Confédération germanique et surtout depuis la constitution de l'Empire allemand au profit de la Prusse, tel qu'il fut créé à Versailles, le 18 janvier 1871, par les souverains confédérés, qui devenaient ainsi les tributaires du nouvel empereur Guillaume Ier.

L'Autriche, vaincue et dépossédée de son antique pouvoir, « flanquée à la porte de l'Allemagne », comme disait Bismarck, pouvait faire alors ce qu'a fait la France, c'est-à-dire se recueillir, se réorganiser, reconstituer ses forces militaires et attendre patiemment, à la faveur de sa prospérité reconquise et de son influence rétablie en Europe, l'heure de la revanche. Loin de suivre cet exemple, elle préféra se soumettre. L'histoire dira que volontairement ou non elle tendit le cou à la chaîne dont Bismarck tenait l'extrémité depuis Sadowa. Tant que Guillaume I^er^ avait vécu, cette chaîne n'avait pas été trop pesante. Le souverain qui régnait en Prusse s'était efforcé de n'en pas trop faire sentir le fardeau à celui qui régnait en Autriche. Il s'était prodigué en amabilités envers lui, et à ce point qu'il l'avait entraîné dans une alliance qui ne devait pas tarder à devenir la Triple Alliance. Il s'était même prêté à ce que son « frère et cousin » pût croire que, dans ce rapprochement, il jouait le rôle de modérateur. D'ailleurs Bismarck reconnaissait que l'intérêt de l'Allemagne voulait qu'il en fût ainsi. Mais après la mort du vieil Empereur et la chute du tout puissant chancelier, le cabinet de Berlin, tout en usant de ménagements, n'avait perdu aucune occasion de laisser entendre à Vienne qu'il était le seul grand conducteur de la Triple-Alliance, et que l'Autriche n'était pour lui qu'un satellite, tout comme l'Italie. L'Autriche, oublieuse de son glorieux passé, acceptait la situation humiliée qui lui était faite, cherchant, il est vrai, à en tirer profit par des annexions territoriales que l'Allemagne daignait lui promettre et n'affichait un semblant d'indépendance que dans les rares discours où François-Joseph opposait une politique de paix aux tendances et aux dispositions plus belliqueuses de Guillaume II.

En même temps que la défaite de 1866 avait rendu les Allemands maîtres en Autriche, elle avait rendu les Magyars maîtres en Hongrie[1], faisant ainsi faire un nouveau pas à la germanisation. Ceux-ci s'étaient vus dans l'alternative de s'allier avec les non-Magyars pour contrebalancer la puissance autrichienne ou de les magyariser en s'appuyant sur elle. La politique de magyarisation l'emporta et les hommes d'État ses partisans devinrent les hommes de la couronne d'Autriche-Hongrie, ou pour mieux dire de l'Allemagne, car le ministre Andrassy s'en rapprochait de plus en plus. Andrassy, Haymerlé, Kalnocky, qui exercèrent successivement le pouvoir en Autriche-Hongrie, cultivèrent avec amour l'alliance austro-allemande, que le premier avait conclue en 1879 avec Bismarck en témoignage de gratitude pour le service qu'avait rendu au Cabinet de Vienne le chancelier de fer en lui facilitant, au Congrès de Berlin,

1. Voir l'attachante étude publiée en octobre 1915 dans la *Revue d'Edimbourg* par M. Henry Wickham Stead et son volume : *La Monarchie des Habsbourg* (Paris, Armand Colin, éditeur).

la prise de possession de la Bosnie et de l'Herzégovine. Si leur successeur, le comte d'Ærenthal, ne professa pas pour cette alliance le même enthousiasme ; si même on peut croire que sous son ministère peu s'en fallut qu'elle ne fût brisée, du moins Berchtold, Burian et Tisza se montrèrent peu après les ardents défenseurs du germanisme. Nous verrons plus loin avec quelle complaisance quasi voluptueuse ils ont prêté les mains aux plans diaboliques de Guillaume II et, non contents d'en favoriser l'exécution, ont recouru pour les légitimer aux plus abominables manœuvres.

Dès les premiers jours de l'alliance, Bismarck aiguilla l'Autriche vers l'Orient. Il disait que l'Orient ne valait pas les os d'un grenadier poméranien ; il y employa ceux des Autrichiens. L'empereur François-Joseph embrassa avec ardeur cette politique, et son fils l'archiduc Rodolphe le suivit dans cette voie. A en croire l'écrivain anglais auquel nous empruntons ces détails, l'archiduc avait promis à sa femme qu'elle serait impératrice de Byzance.

La mort de Rodolphe rendit vains ces vastes espoirs. Le nouvel héritier, François-Ferdinand, en avait conçu de contraires. Il voulait rétablir la puissance de sa dynastie en l'arrachant à la tutelle des Magyars et des Hohenzollern. Mais cette attitude indépendante fut de courte durée. L'Autriche-Hongrie resta sous le joug de l'Allemagne qu'elle redoutait de secouer par crainte de la Russie. On s'accoutume à tout et le gouvernement de François-Joseph se résigna à n'être plus qu'un vassal.

Ce qu'il y a de plus remarquable c'est que l'alliance entre Vienne et Berlin s'était formée du côté de Vienne sans enthousiasme et que l'empereur d'Autriche et son fils, celui-ci surtout, dissimulaient à peine la tristesse qu'elle leur inspirait. On eût même dit parfois qu'ils en étaient humiliés tant ils se répandaient en propos amers sur les Allemands et parlaient d'eux sans bienveillance, la voix grosse d'un ressentiment intérieur à peine dissimulé. Nous en trouvons particulièrement les échos dans les rapports qu'en 1888 et au commencement de 1889, M. Albert Decrais, ambassadeur de France à Vienne, adressait au gouvernement de la République.

Au mois de février 1888, il offrait un bal à l'aristocratie austro-hongroise. L'archiduc Rodolphe s'y était rendu, voulant donner à l'ambassadeur un témoignage de sa sympathie. Au cours de la soirée, il attirait dans un coin son amphitryon, et alors s'engageait entre eux un entretien où le prince trahissait ses véritables sentiments à l'égard de l'Allemagne.

Faisant allusion à divers procédés des Prussiens, il déclare « que rien n'a lieu de surprendre de la part de gens aussi mal élevés ». Il laisse voir envers le futur Guillaume II une véritable répugnance. A une époque antérieure, ils ont été liés d'amitié. Mais la brouille est survenue soit en raison d'incidents d'ordre intime, soit parce que le kronprinz allemand a voulu donner des conseils que le kronprinz autrichien a fort mal reçus. Dans sa conversation avec l'ambassadeur, Rodolphe rappelle ces souvenirs, non sans une sourde colère ; puis il parle de la famille impériale d'Allemagne dont aucun membre ne trouve grâce devant lui, si ce n'est le futur Frédéric III qui agonise à San-Remo, et sa femme, dont il vante la valeur morale.

— Cette famille, dit-il, est complètement désunie ; le grand-père n'a de tendresse que pour son petit-fils ; quant à celui-ci, il est violent, impérieux, dangereux. Sans doute il a pour excuse qu'il est jeune, très jeune, plus jeune que son âge, et on peut espérer que ça se calmera. Mais, tout de même, il n'est pas sûr. »

Il passe ensuite à l'armée allemande ; il reconnaît que son organisation a été poussée à un point de perfection rare et qu'elle est devenue un incomparable instrument de combat.

— Mais, ajoute-t-il, le soldat allemand poursuit son officier d'une telle haine, engendrée par la peur que celui-ci lui inspire, qu'au premier échec, il tirerait sur lui. D'autre part, l'armée prussienne est minée par le socialisme. Figurez-vous que, pour conjurer le danger qui en résulte, les chefs ont été autorisés à ouvrir les lettres adressées aux soldats ; je tiens ce détail du prince Guillaume. Ce ne sont pas des mœurs en usage chez nous, n'est-ce pas, mon cher ambassadeur? Au reste, notre armée n'aime pas et n'a jamais aimé les Allemands. Il y a eu peut-être pour eux, au cours de ces dernières années, un retour de sympathie, mais qui a disparu complètement. L'armée de l'empereur François-Joseph lui est dévouée comme à un père, car c'est un père pour elle. Elle fera tout ce que le devoir et la politique lui commanderont. Mais son cœur n'est pas avec les Prussiens. L'officier prussien, dont on ne peut contester les qualités militaires, ne connaît que deux choses, le roi et l'armée de la Prusse, et non l'empereur et l'armée d'Allemagne. Il est froid, grossier, impertinent, sans aucune culture d'esprit. Croiriez-vous qu'un jour, après les grandes manœuvres, l'attaché militaire allemand à l'ambassade de Vienne a osé me déclarer qu'il était content de nos troupes? J'ai cru qu'il allait me dire aussi qu'il était content de moi. »

On reconnaîtra que ce langage ne témoignait pas, chez l'héritier de la couronne autrichienne, d'un goût bien vif pour l'allié allemand. En janvier 1889, donc près d'un an plus tard, l'ambassadeur de France le retrouvait à l'ambassade d'Allemagne, où était donné par le prince de Reuss un grand raout à l'occasion du trente-et-unième anniversaire de la naissance de l'empereur Guillaume II, qui venait de monter sur le trône. L'archiduc, sur l'insistance de l'ambassadeur, presque un ordre, y était venu avec son père et tous les princes et princesses de la famille impériale. Il portait l'uniforme du régiment de uhlans dont Guillaume Ier l'avait nommé colonel et l'empereur François-Joseph celui de la garde prussienne. Ils semblaient aussi embarrassés l'un et l'autre que s'ils eussent été revêtus d'une livrée, et encore cette fois les paroles que M. Albert Decrais recueillit de la bouche de l'archiduc lui laissèrent deviner qu'en dépit des sourires qu'il prodiguait aux Allemands, il s'irritait de se sentir ainsi sous leur domination.

Comme la soirée allait prendre fin, il s'approcha de notre ambassadeur et lui montrant d'un geste le personnel allemand groupé autour du prince de Reuss, il lui dit à voix basse, d'un accent lamentable :

— Ces gens-là ont fait en peu de temps une bien grande carrière.

Puis, courbant les épaules comme s'il eût été écrasé sous la réalité qu'il venait de dénoncer en ces termes, il s'éloigna.

A cette réalité il ne s'était pas résigné aussi aisément que son père ; mais on conviendra qu'il ne devait plus avoir la force de réagir et de se révolter contre elle si l'on considère qu'il s'était jeté à corps perdu dans une vie de désordres où il cherchait l'oubli et qui, précisément quatre jours après la soirée du prince de Reuss, devait trouver un dénoûment tragique dans le drame de Mayerling.

Quelques semaines avant sa mort, l'inanité d'une démarche tentée auprès de Guillaume II pour enrayer les progrès de la main-mise allemande lui aurait enlevé (s'il en avait encore) les dernières illusions qu'il nourrissait sur l'avenir de son pays.

Les relations entre l'Allemagne et l'Autriche, difficiles depuis quelque temps, s'étaient alors très fortement tendues, conséquence du changement de règne qui s'était produit en Allemagne. Bismarck était encore chancelier; mais son pouvoir s'affaiblissait d'heure en heure et, quoique Guillaume II hésitât en apparence à s'affranchir de sa tutelle, on sentait chaque jour davantage que l'empire germanique n'était plus gouverné par un vieillard rassasié de gloire mais par un prince jeune et ardent, volontaire et despote, qui brûlait de s'imposer au monde et qui, en attendant, s'imposait à son allié autrichien.

— Il semble, disait le premier ministre, le comte Kalnocky, qu'un chat noir a passé entre l'Allemagne et l'Autriche et nous a jeté un sort.

François-Joseph pressa son fils de le conjurer en allant lui-même voir le jeune empereur. On se rappelle qu'à une époque antérieure les deux princes avaient été liés d'amitié, puis s'étaient brouillés : « brouillerie de camarades » à en croire le prince de Hohenlohe. En fait, Guillaume ne cachait pas l'antipathie qu'il ressentait pour la personne de Rodolphe, « pour son esprit faux et sa duplicité. »

Il le lui fit bien voir.

La démarche condescendante de l'archiduc auprès du jeune empereur fut très mal accueillie et elle n'avait donné aucun résultat quand on apprit sa mort.

A-t-elle changé grand'chose au sort de l'Autriche? On est tenté de croire que non et qu'il n'était plus de force à remonter le courant.

Un diplomate qui l'a beaucoup connu a dit de lui :

— Il ne savait que se lamenter, et s'il eût vécu et fût monté sur le trône, il n'aurait opposé à son malheur que des gémissements, sans le porter avec la froide dignité de son père.

L'heure était singulièrement angoissante pour sa dynastie. Tandis que l'astre des Hohenzollern montait, celui des Habsbourg déclinait. Les Allemands d'Autriche, le Parlement et la presse tournaient vers Berlin leurs regards et leurs espérances. Les feuilles germaniques traçaient un parallèle entre les deux peuples et entre les deux dynasties : l'une pleine de sève et de rudesse, l'autre, vouée après la mort de son chef à des princes efféminés et débiles, spectacle douloureux pour l'héritier de la Maison d'Autriche et qu'aggravait encore à ses yeux la crainte de voir les Hongrois, toujours ombrageux dans leurs relations avec l'empereur et roi, formuler, comme en 1848, leurs revendications nationales, essayer de rompre les liens qui rattachent à l'Autriche la couronne de saint Etienne et tenter de réaliser leur rêve d'indépendance absolue, si la main appelée à les diriger manquait de vigueur et de souplesse. Aurait-elle cette souplesse et cette vigueur, alors qu'elle avait été impuissante à conjurer la complète germanisation de l'empire autrichien? Cette germanisation était déjà un fait presque accompli, et la mort du jeune archiduc allait la rendre définitive, telle enfin qu'elle s'est révélée au mois de juillet 1914. Le nonce Czacky, qui fut plus tard cardinal, avait dépeint en quelques mots cette situation durant son séjour à Vienne :

— Le plus pur germanisme règne au Ballplatz, disait-il ; ce n'est plus qu'une succursale de la Wilhelmstrasse, une véritable sous-préfecture.

C'était déjà vrai sous le ministère du comte d'Æhrenthal et ce ne le fut pas moins quand le comte Berchtold lui eut succédé.

CHAPITRE II

# LES GRANDS COUPABLES

Lorsqu'on étudie d'un peu près ce haut personnage, ce qui frappe tout d'abord c'est la disproportion qui existe entre son caractère et les péripéties au milieu desquelles il s'est trouvé jeté. Il y a vraiment de l'ironie dans le destin qui l'a associé à des catastrophes sans pareilles et accablé sous d'effroyables accusations, alors qu'il n'a jamais aspiré qu'à jouir librement des avantages de sa naissance et de son opulence. Ses millions, ceux de sa femme, née Karolyi, ses vastes domaines de Moravie et de Hongrie, sa luxueuse résidence de Buchlau, les chevaux de ses haras, ses succès de salon et les plaisirs faciles où il se complaisait eussent très suffisamment répondu à sa conception d'une existence de grand seigneur. Aussi, à toutes les étapes de sa carrière, a-t-il offert une démission à laquelle, par une faveur inexplicable, ses chefs du Ballplatz ripostaient en lui imposant chaque fois un brillant avancement. A Londres, à Paris, à Pétersbourg où on l'a vu à l'œuvre, rien ne faisait présager qu'il dirigerait un jour la diplomatie de son pays. S'il fut remarqué, c'est surtout parce qu'il est le petit-neveu de Mozart, ce dont, quant à lui, il ne se vantait pas, estimant que son aïeul en épousant la sœur de l'illustre musicien, s'était mésallié.

Quand la mort du comte d'Æhrenthal rendit vacant le ministère de la maison impériale et des affaires étrangères, la stupéfaction fut grande en Europe de voir le comte Berchtold recueillir ce lourd héritage. Ses amis prétendent que son prédécesseur l'avait lui-même désigné à François-Joseph comme le diplomate autrichien le plus apte à lui succéder. Mais on affirme, d'autre part, que l'empereur, s'embrouillant dans les noms qui lui étaient soumis, attribua le portefeuille à Berchtold, au lieu dele confier au comte Szecsen.

Improvisé ministre, il se mit avec conscience à sa tâche, s'étonnant parfois avec naïveté de l'effort qu'il donnait.

— Je ne crois pas, aimait-il à dire, qu'on trouverait en Europe un homme qui, durant cette semaine, ait autant travaillé que moi.

Malheureusement l'assiduité ne supplée pas aux aptitudes. Irrésolu, mal renseigné, ignorant tout de l'Orient, il s'abandonnait à ses chefs de service, subissait des influences contraires, s'efforçait de les concilier par horreur des discussions, n'approfondissait rien, ne pensait jamais au lendemain et s'estimait heureux chaque soir d'interrompre sa besogne de fonctionnaire pour courir à ses distractions d'homme de plaisir, auxquelles pour rien au monde il n'eût renoncé.

Ses subordonnés n'ignoraient ni ses faiblesses ni son caractère toujours hésitant et toujours disposé à subir l'influence d'autrui quand elle lui fournissait le moyen apparent de se convaincre qu'il avait résolu quelque grosse difficulté. Ils parlaient de lui avec une désinvolture dépourvue de respect :

— Pourquoi tenez-vous à présenter votre réclamation au ministre? demandait l'un d'eux à un solliciteur. Ou bien il oubliera ce que vous lui aurez exposé, ou, s'il vous donne raison, n'importe qui le fera changer d'avis et il reprendra sa parole.

Un autre reprochait amicalement à un ambassadeur d'avoir voulu traiter une question avec le comte Berchtold :

— Ce n'est pas à lui qu'il faut parler d'affaires de cette importance, mais à moi.

Il est vrai que celui qui tenait ce langage était le comte Forgasch, qu'on verra jouer bientôt dans la crise qui se préparait un rôle néfaste et décisif. D'origine israélite, et rachetant par un excès de bonne grâce et de courtoisie une rare laideur de visage, il était déjà connu dans la diplomatie cosmopolite par le séjour qu'il avait fait à Saint-Pétersbourg comme premier secrétaire de l'ambassade austro-hongroise et par la chaleur des sentiments russophiles qu'il affichait. C'était au point que, pour lui plaire, on russifiait son nom en l'appelant Forgascheff. Il avait ensuite résidé à Belgrade en qualité de ministre. Là, il s'était fait remarquer par son incessante application à créer entre le gouvernement impérial et le peuple serbe un état haineux, propre à justifier le coup de Jarnac que déjà préparait le cabinet de Vienne pour anéantir cette vaillante petite nation. Il est aujourd'hui démontré que le fameux procès d'Agram, forgé de toutes pièces, au mépris de la vérité et de la justice la plus élémentaire, contre des innocents, et cet autre procès auquel l'historien Friedjung a laissé son nom furent l'œuvre de Forgasch ; ils ont révélé l'activité de ses criminelles intrigues et la noirceur de ses desseins.

Dans l'organisation de cette tragi-comédie, il s'était tellement compromis qu'il fallut le retirer de son poste et lui en donner un où il se ferait oublier pour un temps ; on l'envoya à Dresde. Tant qu'il y resta, on ne parla plus de lui. Il n'en fut rappelé qu'au printemps de 1914 par sa nomination comme deuxième chef de la section politique au Ballplatz où l'on avait besoin d'un homme à tout faire. Dès qu'il y eut pris pied, il ne dissimula pas qu'il entendait occuper la première place. En peu de temps il eut raison de l'autorité de son chef immédiat, le baron Macchio, jadis petit drogman à Constantinople, qui n'était pas de force à lui résister et dont il se débarrassa un peu plus tard en le faisant envoyer comme ambassadeur à Rome. Le comte Berchtold s'était soumis docilement aux volontés de cet impérieux collaborateur devenu déjà l'instrument de von Tschirschky, ambassadeur d'Allemagne.

A force de patience, d'audace et d'habileté, ce personnage s'était introduit au Ballplatz et son influence y était souveraine. Elle s'exerçait aussi bien sur les plus hauts fonctionnaires que sur les plus humbles, qui marchaient au doigt et à l'œil sous sa direction.

Parmi les serviteurs obscurs de la politique germanique, il convient de citer le directeur du bureau de la presse au ministère des affaires étrangères, nommé Kanya. Acharné à exciter contre la Serbie l'opinion autrichienne et à provoquer une agression, cet impudent personnage compromettait à plaisir le comte Berchtold en répandant en son nom des inventions odieuses contre les populations serbes, telle par exemple l'affaire du consul Prohaska, qu'à l'en croire, les Serbes auraient torturé et mutilé. Revenu à Vienne, ce prétendu martyr affirma n'avoir été victime d'aucun mauvais traitement et sa bonne mine confirmait la vérité de son affirmation. Il fallut l'éloigner de la capitale pour couper court à ses malencontreux démentis. Il disparut un beau jour, exilé probablement dans quelque poste lointain. Après son départ, sa mère disait en parlant de lui :

— Je ne sais pas encore où ils l'ont envoyé.

Le comte Berchtold était furieux contre l'inventeur de cette histoire Prohaska qui le couvrait de ridicule. On n'en arracha pas moins à sa faiblesse un témoignage public de satisfaction pour les services de Kanya. Il le nomma ministre d'Autriche-Hongrie à Mexico.

Par quelque côté qu'on étudie le rôle de Berchtold dans les événements dont il porte la responsabilité, on le voit, quoique placé nominalement au premier rang, se laisser dominer par des influences plus ou moins avouées auxquelles il n'opposait qu'une volonté débile, qui s'effaçait dans les conditions les plus humiliantes pour lui. Son ignorance contribuait fortement aux hésitations et aux contradictions qui caractérisent sa conduite. Lorsqu'en septembre 1912, il songeait à lancer la proposition de réformes à introduire en Macédoine, il convenait en riant qu'il n'avait pas la moindre idée du programme à adopter.

— Je soumets la question à l'examen des gouvernements intéressés, disait-il. Chacun répondra en faisant connaître son projet et je suppose que de l'ensemble de ces consultations nous n'aurons plus qu'à extraire les grandes lignes d'un plan qui satisfera tout le monde.

Une telle naïveté pouvait presque faire croire à un raffinement d'astuce qui dissimulait les desseins les plus compliqués et les plus perfides. C'était lui faire trop d'honneur ; son ingénuité était complète et il subissait, sans s'en rendre compte, les suggestions de Berlin, grâce au savoir-faire de l'ambassadeur allemand, dont son imprévoyance facilitait la tâche.

Un autre trait caractéristique de la conduite de Berchtold, et celui-là semble lui avoir été commun avec les hommes d'État autrichiens mêlés aux derniers événements, c'est une disposition particulière à opposer aux difficultés qu'il rencontrait devant lui l'espérance plus ou moins fragile qu'elles se résoudraient ainsi qu'il le souhaitait et à se refuser systématiquement à les prévoir. Un ambassadeur de la Triple-Entente ayant un jour essayé de faire admettre par le baron Macchio l'éventualité de la prise ou de la capitulation de Scutari, alors assiégée par les Monténégrins et les Serbes, le fonctionnaire autro-hongrois répliquait vivement :

— Écartons une pareille idée, ce serait l'écroulement de toutes nos combinaisons.

Huit jours plus tard, la ville capitulait.

Ainsi se montraient en toute occasion le défaut de perspicacité des hommes d'État autrichiens et leur besoin puéril de toujours croire que tout s'arrangerait selon leurs vœux, défaut et besoin qui se manifesteront particulièrement à la veille de la guerre lorsqu'il leur plaira de nourrir l'illusion que la Russie n'interviendra pas pour empêcher l'écrasement de la Serbie et que le conflit qu'ils vont déchaîner sera localisé.

Cependant le prince de Wied, le candidat si étrangement choisi pour régner sur l'Albanie, étant venu à Vienne, ils furent déconcertés en le voyant, tant il était le contraire, physiquement et moralement, de l'homme qu'il eût fallu pour un pareil rôle. Hésitant, à peine renseigné sur le pays qu'on lui donnait à gouverner, son insuffisance se trahissait dans ses allures comme dans ses propos. Mais dès qu'il eut pris pied à Durazzo, ils affirmèrent qu'il s'adaptait merveilleusement à la situation. Pour achever de se rassurer, le comte Berchtold se plaisait à répéter que d'après le roi Ferdinand de Bulgarie, « fin connaisseur en ces matières, l'Albanie est un inépuisable réservoir d'énergies intellectuelles et morales. »

Tel que les détails qui précèdent permettent de se le figurer, le comte Berchtold pourrait, semble-t-il, être déchargé des responsabilités que l'avenir fera peser sur sa mémoire s'il n'avait, par faiblesse, par irrésolution et par aveuglement, soutenu de son autorité les actes qui ont déterminé la conflagration générale. Il serait téméraire de prétendre devancer le jugement que l'histoire portera sur lui. Mais il est permis de le pressentir : sans doute elle reconnaîtra que, pourvu de dons agréables, dénué de méchanceté, trop indolent pour soupçonner et combattre celle des autres, imprévoyant et insouciant, toujours à la merci de ses fantaisies, excédé d'avance du rôle qui lui était imposé et de l'effort qu'on attendait de sa part, il a laissé préparer, ourdir et accomplir les pires méfaits sans les prévoir et sans y résister. Il est donc de toute justice qu'il reste enseveli sous les décombres dont la chute lui est imputée.

Il y a cependant de plus grands coupables que lui. C'est d'abord l'ambassadeur allemand von Tschirschky, nommé ci-dessus et dont nous reparlerons dans la suite de ce récit. Constatons en attendant qu'aucun des chefs de mission accrédités à Vienne n'a pesé plus lourdement, ni avec plus d'ostentation et de brutalité, sur la volonté de Berchtold. A côté de lui, en même temps que le comte Forgasch, il convient de signaler le comte Tisza et le baron Burian, deux Hongrois, aux formes autoritaires, l'un et l'autre avec un esprit sombre et violent rappelant les Têtes rondes qui soutenaient en d'autres temps, en Angleterre, la dictature de Cromwell.

Tisza, notamment, apparaît comme un homme terrible, poursuivant avec une énergie indomptable la réalisation de ses desseins. Comme preuve de cette énergie qui a contribué à sa réputation, ses amis se plaisent à raconter qu'on le vit un jour, en quelques heures, assister à un déjeuner de gala, quitter gaiement la table pour aller se battre en duel et, après avoir blessé son adversaire, se présenter à la tribune du parlement hongrois et y prononcer un discours magistral sans qu'on pût deviner, sous son éloquence et sa liberté d'esprit, que, quelques instants avant, il s'était exposé à périr tragiquement. Il était, comme le baron Burian, dévoué depuis longtemps à l'Allemagne. On en a eu la preuve lorsque, après la chute de Berchtold provoquée par eux, ils ont pris en main la direction des affaires.

Depuis qu'ils sont devenus les maîtres du pouvoir, la domestication de l'Autriche-Hongrie à l'Allemagne n'a fait que s'accroître. Pour Berchtold, l'asservissement aux ordres de Berlin, bien qu'il ne cherchât pas à s'y dérober, était tout au moins une cause d'agacement ; avec les deux ministres magyars, c'est presque une volupté. Il est vrai qu'ils n'ont trouvé devant eux aucune résistance et que, s'il est exact que beaucoup d'Autrichiens gémissent secrètement d'avoir vu se fortifier la brutale germanisation de leur pays, on n'en trouverait pas un seul qui soit assez énergique pour essayer de protester. On doit supposer qu'ils ressentent au dedans d'eux-mêmes une douleur et une humiliation ; mais elles leur sont inspirées par la blessure faite à leur orgueil et non par un souci patriotique de l'avenir de leur pays.

Ainsi du haut en bas de la hiérarchie austro-hongroise, depuis l'empereur jusqu'au plus humble de ses sujets, règne la même disposition à subir le joug allemand comme la conséquence fatale d'événements sous lesquels on ne peut que courber la tête.

Il faut dire aussi que tout a contribué à créer dans l'empire austro-hongrois cette ambiance invraisemblable. A l'exception des représentants de la Triple-Entente, le germanisme ne trouvait à Vienne que des prosélytes et des défenseurs parmi lesquels, à la veille de la guerre, figurait le représentant de l'Italie, c'est-à-dire d'un gouvernement faisant partie de la Triple-Alliance. On ne soupçonnait pas encore le conflit tragique qui se préparait ni par conséquent les futures résolutions du cabinet du Quirinal. Le vieux et très courtois duc d'Avarna était donc dans son rôle en soutenant la politique allemande. A cet effet, il assiégeait Berchtold de ses visites, il lui soumettait des rapports, des télégrammes, des circulaires ; il ne lui faisait grâce d'aucun détail, il lassait sa patience. Tandis que l'ambassadeur germanique procédait par des attaques brusquées, l'ambassadeur italien recourait à un système d'investissement. Il n'en fallait pas davantage pour avoir raison de Berchtold toujours dominé par la crainte de l'Allemand. Ainsi le virus prussien injecté déjà dans les veines de l'Autriche-Hongrie y pénétrait plus profondément et s'y répandait sous les formes les plus diverses, comme il s'était déjà répandu en Grèce, en Bulgarie et même en Roumanie.

D'autres circonstances et d'autres personnages avaient, antérieurement, contribué à le rendre plus actif, soit calcul, soit hasard. A ce propos, on doit rappeler le séjour qu'avait fait à Vienne, comme ministre de Grèce au début de la crise balkanique, M. Georges Streit, dont le nom est à retenir à raison de l'influence qu'il a exercée ensuite sur un autre théâtre. Par ses origines que révélait son type d'homme blond aux yeux clairs, au teint frais, c'est un pur Germain. Son grand-père avait quitté la Souabe pour suivre, en Grèce, le roi Othon et occuper une position à sa cour. Son père, né Hellène, a marqué comme professeur d'économie politique et gouverneur de la banque d'Athènes. Sa haute compétence lui valut de donner des leçons au roi actuel, dont M. Georges Streit partagea les études. Après s'être perfectionné en Allemagne et en France, celui-ci, très jeune encore, enseigna avec succès le droit international à l'Université de la capitale hellénique. Ses très réelles aptitudes et ses attrayantes qualités lui valurent la confiance du roi Georges qui l'appela au poste de secrétaire général du ministère des affaires étrangères et, vers 1911, afin de le préparer à prendre le portefeuille, l'envoya comme son représentant en Autriche-Hongrie.

Sous l'influence de ce prince qui, jusqu'à sa mort, s'associa au ressentiment de son pays d'origine envers la Prusse, M. Streit contenait encore ses sympathies pour la patrie de ses ancêtres. Chaque année, son roi, dans son voyage en Europe, s'arrêtait à Vienne. En vain M. Georges Streit avait essayé d'obtenir qu'il fît au moins une fois une visite à la cour de Berlin.

— Rappelez-vous donc, lui objectait Georges Ier avec vivacité, que je suis né Danois.

M. Georges Streit cessa d'insister ; c'eût été compromettre la faveur dont il jouissait. Mais après le meurtre de Salonique, sous le nouveau règne, il ne s'astreignit plus à la même réserve. Il devint l'hôte assidu de l'ambassade d'Allemagne, tout en conservant de très cordiales relations avec les représentants de la Triple-Entente. Sa naturelle bonne grâce, ses dispositions conciliantes lui avaient acquis des sympathies dans tous les camps. A Vienne, son collègue bulgare le jalousait.

— Quelle fourberie de la part du cabinet d'Athènes, disait-il, que de choisir un ministre comme Streit. C'est pour nous faire croire que tous les Grecs sont de sa valeur.

Bientôt le roi Constantin, donnant suite aux intentions de son père, désignait M. Streit pour diriger la diplomatie hellénique. C'était l'époque où le traité de Bucarest avait largement récompensé la Grèce de ses succès militaires contre les Turcs et les Bulgares. De discret et modeste qu'il était à l'époque où ses compatriotes entraient en campagne, M. Streit en arrivait progressivement à une véritable mégalomanie. De plus en plus, l'Allemand perçait sous l'Hellène ; il s'était longtemps contenu ; maintenant il s'épanouissait, parce que ses sentiments intimes s'accordaient, croyait-il, avec les intérêts de la Grèce. Dès lors, ne peut-on supposer que, quelle qu'ait été son attitude apparente durant son séjour en Autriche-Hongrie, il a travaillé à favoriser l'influence allemande ? En tous cas, son exemple, ajouté à tant d'autres, démontre combien ont été précieux et efficaces les concours que le cabinet de Berlin a trouvés à Vienne pour fortifier cette prussification de l'Autriche-Hongrie, réalisée depuis longtemps, mais qui se fût peut-être affaiblie sans l'incessant effort auquel continuèrent de se livrer les Allemands avec de multiples complicités.

Quoi qu'il en soit, à l'heure où nous sommes et à la lumière des événements qui se sont précipités dès les premiers mois de la guerre, nous ne pouvons plus nous dissimuler que le gouvernement austro-hongrois a été pour nous un ennemi aussi dangereux et non moins malfaisant que le gouvernement germanique dont il s'est fait le complice. Mais ce n'est point ainsi qu'antérieurement à la guerre il s'était révélé et que nous le considérions.

Sauf à l'époque où le gouvernement de Napoléon III intervint entre lui et l'Italie, les relations de la France avec l'Autriche avaient été cordiales, plus même que cordiales, puisqu'il s'en était fallu de bien peu qu'en 1870, le vaincu de Sadowa ne devînt notre allié contre l'Allemagne. Cette cordialité était de date ancienne. Les ambassadeurs autrichiens, accrédités à Paris depuis 1830 jusqu'à nos jours, s'étaient montrés nos amis et, s'il en fallait une preuve, il suffirait de rappeler les souvenirs qu'ont laissés chez nous Antoine Apponyi, ambassadeur de 1824 à 1848, son fils Rodolphe, ambassadeur en 1875, et, antérieurement à ce dernier, Richard de Metternich. Nos représentants à Vienne y avaient toujours trouvé un accueil également amical. Ils sont unanimes dans leurs rapports à en rendre témoignage.

Il y a mieux encore. Lorsqu'en 1875, une simple insurrection locale dans l'Herzégovine rouvre à l'improviste la question d'Orient et que, les trois cours du Nord s'étant mises d'accord dans un but de pacification, la Russie entreprend d'associer la France à leur entente, l'Autriche se rallie à cet effort avec ardeur. Le comte Andrassy qui préside le cabinet austro-hongrois mande notre ambassadeur, le marquis de Vogüé, et, après lui avoir communiqué le projet de conciliation arrêté par les cabinets de Saint-Pétersbourg, de Berlin et de Vienne, il fait le plus pressant appel au concours du gouvernement français. « Je remerciai le ministre de son langage et des sentiments qu'il m'exprimait, écrit l'ambassadeur, le 3 janvier 1876; je lui dis que, sans préjuger l'opinion de mon gouvernement, je pouvais affirmer que vous accueilleriez cette communication avec le désir d'affermir et de développer l'entente à laquelle il nous invitait, mais avec le sentiment de la réserve qui convenait à notre situation présente.

« — Ne soyez pas si modeste, reprit le comte Andrassy ; quand on s'est aussi rapidement que vous relevé d'épreuves aussi sérieuses, quand on se montre, comme votre pays et votre gouvernement, aussi prudents, aussi actifs au travail, on a le droit d'être écoutés. »

Quatre ans plus tard, à la fin de septembre 1879, le même Andrassy au moment de quitter le pouvoir disait au représentant de la France : « En ce qui concerne le rôle utile, indispensable de la France pour le maintien de l'équilibre européen, ma conviction est faite depuis longtemps. Bien avant le Congrès de Berlin, j'ai appelé de mes vœux le moment où la France sortirait de son attitude de recueillement et d'abstention pour reprendre sa place dans les affaires de l'Europe ; je suis heureux de vous y avoir retrouvés et mon gouvernement ne favoriserait aucune combinaison qui pourrait avoir pour résultat d'affaiblir votre influence. »

Ainsi on nous prodiguait les paroles cordiales et nous nous étions accoutumés à ne pas nous défier de l'Autriche. Sans doute, elle s'était alliée à l'Allemagne, mais elle n'avait jamais cessé d'affirmer que cette alliance, dans laquelle l'avait jetée la crainte que lui inspirait la Russie, était pour elle un instrument de paix et non un instrument de guerre. Elle s'était toujours flattée d'y jouer un rôle de modérateur. En toutes les circonstances où le langage de Guillaume II prenait un ton belliqueux, celui de François-Joseph affectait un accent pacifique. Nous n'avions aucune raison de mettre en doute la sincérité des sentiments qu'exprimait le vieil empereur et que confirmait son fils dans ses entretiens avec M. Albert Decrais. Peu à peu, nous en étions arrivés à oublier qu'il avait été le bourreau de l'Italie et de la Hongrie et que, par sa politique d'annexions brutales dans les Balkans, il s'était chargé de crimes.

Les infortunes tragiques de sa maison, si propres à nous inspirer la plus vive pitié, contribuaient à voiler à nos yeux les forfaits que la postérité lui reprochera. Quand nous le suivions au cours de la seconde moitié du XIXe siècle à travers les drames de famille qui ont assombri son existence, il nous apparaissait comme la victime expiatoire des perfidies ancestrales et nous étions disposés à lui tout pardonner parce qu'il nous semblait qu'il avait tout expié, les fautes de ses prédécesseurs et les siennes. Cette situation ne s'était pas modifiée quand le nouvel ambassadeur de France venait prendre possession du poste auquel il était appelé. La France, alliée de la Russie, pouvait regretter l'annexion de la Bosnie-Herzégovine, mais puisque la Russie avait paru se résigner après un semblant de résistance, nous n'avions aucun motif de prendre à notre compte un grief dont elle ne se plaignait plus. Rien, par conséquent, ne semblait de nature à altérer les bonnes relations de Paris avec Vienne. Jusque vers le milieu de 1913, les ambassadeurs de Russie et d'Angleterre en Autriche n'étaient pas en situation de prévoir et de découvrir des résolutions criminelles, ni par conséquent de conjurer un conflit entre les intérêts de la Triple-Entente et ceux de la Triple-Alliance. Les gouvernements européens étaient en effet autorisés à supposer qu'en admettant qu'il dût se produire, ce n'est pas à Vienne qu'il se produirait, mais à Berlin.

A cette époque, la Russie était représentée à Vienne par M. Nicolas de Giers, frère de M. Michel de Giers, ambassadeur à Constantinople. C'était un homme appliqué, doux et pacifique. Ayant fait presque toute sa carrière à Paris et à Bruxelles, lié d'amitié avec le comte Berchtold, il traitait les affaires avec un désir sincère d'aplanir les difficultés et peut-être avec un excès de condescendance pour l'administration austro-hongroise. Il fut remplacé par M. Schébéko, diplomate de haut mérite et de grande expérience, dont l'arrivée à Vienne marqua un changement important dans les rapports qu'avaient entre eux les représentants de la Triple-Entente.

Presqu'en même temps, le gouvernement britannique envoyait à Vienne comme ambassadeur Sir Maurice de Bunsen en remplacement de Sir Fairfax Cartwright qu'une cruelle maladie obligeait à renoncer à des occupations actives. Sir Maurice de Bunsen arrivait de Madrid où, durant plusieurs années, il avait représenté son pays, ne perdant aucune occasion de manifester ses sympathies pour la France. Elles étaient d'autant plus méritoires que ses origines familiales le rattachaient à l'Allemagne. Son grand-père, théologien et homme de science, était Prussien. Frédéric-Guillaume IV l'ayant nommé ministre de Prusse à Londres, il s'y maria et de ses enfants très nombreux les uns conservèrent leur nationalité d'origine, tandis que les autres devenaient Anglais. Le père de Sir Maurice de Bunsen fut de ceux-ci. Quant à lui, ses collègues de France et de Russie l'ont toujours vu prévenant, confiant, et d'une loyauté à toute épreuve. L'ambassadeur de la République était alors M. Alfred Dumaine, diplomate de haut mérite envoyé à Vienne au mois de mai 1912, après avoir parcouru honorablement une grande carrière et qu'on verra dans la suite de ce récit se dévouer patriotiquement à la défense des intérêts qui lui étaient confiés.

Par malheur, les occasions de les défendre n'étaient pas fréquentes. Le gouvernement austro-hongrois, quels que fussent d'ailleurs ses desseins, mettait tous ses soins à les dissimuler. Les trois ambassadeurs, bien que leur union fût étroite et complète, ne pouvaient parler avec plus de précision et de netteté que les cabinets de qui ils recevaient leurs instructions, ni prendre des initiatives qu'on ne leur demandait pas et que, sans doute, on n'eût pas approuvées. Leurs conversations avec les agents du Ballplatz se succédaient dans le vide, uniquement alimentées par une suite d'événements que, ne les ayant pas prévus, ceux-ci affectaient de considérer comme dépourvus d'importance. On a dit avec raison qu'à Vienne, durant cette période, la diplomatie a été dans le marasme. Pour l'en faire sortir et pour contraindre le Ballplatz à dévoiler ses projets, il a fallu le coup de foudre de Serajevo et le trépas tragique de l'archiduc héritier François-Ferdinand et de sa femme la duchesse de Hohenberg.

---

CHAPITRE III

# LA MARCHE A LA MORT

Avant d'aborder le drame où périrent ces infortunés, il est nécessaire d'étudier de près leur personnalité à l'un et à l'autre, de rappeler les circonstances assez romanesques qui les avaient réunis et surtout de remonter dans le passé de l'archiduc afin de le faire mieux connaître.

Il était le fils de l'archiduc Charles-Louis, frère puîné de l'empereur François-Joseph et qui, à toutes les étapes de sa longue carrière, a mérité qu'on dise qu'il était digne de tous les respects. En 1889, la mort du prince-impérial Rodolphe avait fait de son oncle, brutalement et à l'improviste, l'héritier de la couronne d'Autriche-Hongrie. Mais il avait toujours vécu sans vouloir se mêler de près ni de loin aux choses de la politique. C'est surtout aux sciences qu'il s'intéressait et on le tenait avec raison pour un homme sans ambition. Aussi ne fut-on pas surpris quand on sut que, sous le prétexte que son frère et lui étaient trop rapprochés d'âge pour qu'il eût chance de régner, il voulait refuser l'héritage qui lui était dévolu par la constitution de l'empire et que, s'il renonçait à formuler son refus, c'était pour ne pas déplaire à l'empereur en ayant l'air de se dérober à son devoir.

Il mourut en 1896. Mais déjà, depuis longtemps, c'est son fils François-Ferdinand qu'on regardait comme l'héritier de la couronne et qui le devint effectivement quand son père fut couché dans la tombe. Rien à ce moment ne rappelait dans l'archiduc les excès de jeunesse qu'à tort ou à raison on lui avait reprochés. Nous disons à tort ou à raison car, dans les propos malveillants dont il a été l'objet, il faut faire une large part à la calomnie engendrée par les inimitiés que son mariage avait déchaînées contre lui. De son vivant comme après sa mort, il a eu des adversaires aussi acharnés qu'ont été ardents à le défendre ceux qui se flattent de l'avoir le mieux connu et il semble bien qu'il faille chercher la vérité entre les plaidoyers des uns et les accusations des autres, trop souvent dépourvues de preuves.

Même en admettant qu'elles eussent été fondées antérieurement, elles ne l'étaient plus quand François-Ferdinand fut déclaré héritier de la couronne austro-hongroise. Comme si la fin tragique de son cousin lui eût ouvert les yeux et eût été une leçon foudroyante, on l'avait vu renoncer rapidement à sa vie de plaisir et se transformer, à l'exemple de Guillaume II, pour qui le drame de Mayerling avait été un avertissement salutaire en lui montrant où peut conduire la violation de devoirs sacrés. Tandis que le jeune empereur d'Allemagne prenait, vis-à-vis de lui-même et de l'épouse outragée, l'engagement de se contenter désormais des joies que lui assurait le foyer conjugal, François-Ferdinand, non encore marié, affirmait avec éclat sa fidélité aux pratiques religieuses qui lui avaient été apprises chez les Jésuites, ses premiers maîtres, et se conduisait de telle sorte qu'on se plaisait à voir en lui dans l'avenir un souverain qui ferait honneur au pays et à la dynastie.

Faut-il admettre qu'à dater de ce moment, en prévision de son avènement comme empereur d'Autriche-Hongrie, il se soit proposé de mettre un terme au germanisme dont l'empire était l'esclave et, comme nous l'avons dit plus haut, de briser à la fois le joug allemand et le despotisme des Magyars ? Est-ce guidé par ces desseins qu'il s'affiliait à des ligues patriotiques qui caressaient le même idéal et poursuivaient le même but ? Les relations qu'il entretient alors avec Guillaume II sont dépourvues de cordialité. Mais au mois de novembre 1908, l'empereur allemand, sous prétexte de chasse, vient passer deux jours auprès de lui au château d'Eckartsau sur le Danube. Les deux princes y restent seuls. Bien que l'on ignore ce qui s'est passé entre eux, il est permis de supposer que Guillaume, comme le dit l'un des biographes de François-Ferdinand, l'a attaché solidement à la galère allemande en combinant avec lui les moyens de contraindre la Russie à une capitulation diplomatique en ce qui touche l'annexion à l'empire autrichien de la Bosnie-Herzégovine.

Quoi qu'il en soit de cette entrevue, elle est bientôt suivie d'un changement radical dans les opinions de l'archiduc. Désormais, bien que la maladie l'éloigne de la vie publique et qu'il fasse de longs séjours à son château de Konopischt, en Bohême, ou à Miramar, il ne paraîtra plus que le serviteur du germanisme, tout en affectant de se consacrer presqu'exclusivement à la réorganisation de l'armée austro-hongroise. Son intervention dans la politique se fait sentir de moins en moins et elle semble avoir été nulle sous le ministère Berchtold. Quant à ses relations avec l'empereur d'Allemagne, elles deviennent de plus en plus confiantes et cordiales, comme si les deux princes avaient lié partie en vue d'éventualités plus ou moins probables. On verra tout à l'heure qu'au début de juin 1914, ils se sont réunis à Konopischt.

Il faut constater ici que l'archiduc héritier n'était pas aimé. Indépendamment des raisons énumérées plus haut, propres à expliquer ce fait, on le trouvait peu sociable. arrogant, hautain et sans bienveillance. Il s'était rendu déplaisant à l'empereur lui-même et cela depuis le jour où il avait été déclaré prince héritier. François-Joseph aurait voulu exercer sur lui son influence et le diriger à son gré. Mais l'archiduc, loin de se prêter à ce désir, affichait des velléités d'indépendance ; il n'était pas encore inféodé à l'Allemagne et tandis que l'empereur considérait l'alliance austro-allemande comme une protection pour l'Autriche, une garantie nécessaire contre une attaque de la Russie, l'archiduc ne croyait pas qu'il fût impossible de s'en passer. Les changements ultérieurs survenus dans ses idées ne l'avaient pas rapproché de l'empereur et la confiance n'existait pas entre eux.

On s'est souvent demandé quels étaient ses sentiments pour la France. Ils avaient été d'abord favorables, mais, dans la suite, la politique antireligieuse du gouvernement de la République offensa ses convictions de catholique et plus tard, lorsqu'il se fut laissé circonvenir par Guillaume II, ses dispositions se modifièrent sans devenir cependant malveillantes. Un contact plus fréquent avec nos ambassadeurs les aurait peut-être maintenues telles qu'elles s'étaient d'abord manifestées ; mais il ne s'y prêtait pas. Il n'a jamais été attirant. D'ailleurs, il aimait la retraite, ne se montrait pas désireux d'entretenir des relations avec le corps diplomatique. Il convient, en outre, de rappeler que les circonstances qui ont suivi sa mort ont prouvé qu'en dehors de l'aristocratie tchèque, à laquelle appartenait sa femme, il n'avait pas été regretté.

Quant à elle, comtesse Sophie Chotek, quoique noble de naissance, elle n'appartenait pas à une race royale. Lorsqu'il l'avait rencontrée, elle remplissait chez l'archiduc Frédéric les fonctions de demoiselle d'honneur de l'archiduchesse, née princesse Isabelle de Croÿ.

Les Chotek appartiennent à une ancienne maison de Bohême dépourvue de fortune et réduite à la gêne en raison de ses nombreux enfants. Le père avait été longtemps ministre d'Autriche-Hongrie à Bruxelles où d'ailleurs il ne s'était distingué que par son insuffisance, rachetée heureusement par la beauté et le charme de sa femme qui avait su rendre agréable son salon. En possession de plusieurs filles, ils les avait mariées en des conditions assez heureuses, sauf les deux dernières, dont l'une était entrée au service de l'archiduchesse Isabelle. Mais après y avoir vécu quelques mois, elle prit le monde en dégoût et embrassa la vie religieuse. C'est alors que sa sœur cadette Sophie vint occuper sa place chez l'archiduchesse et devint, à un rang inférieur, la compagne des filles de celle-ci, qui étaient au nombre de six.

La situation eût été cependant tolérable si l'archiduchesse avait apporté quelque bienveillance dans ses rapports avec sa demoiselle d'honneur. Mais elle était fière, vaine de son alliance et de son rang à la cour. Il en résultait une tension extrême dans ses rapports avec Sophie Chotek. C'est alors qu'apparut l'archiduc héritier, attiré chez l'archiduchesse Isabelle par l'espoir qu'elle avait conçu de le marier à l'une de ses filles.

A ce moment, l'aventure que nous rappelons n'est pas sans analogie avec celle de Julie de Lespinasse chez Mme du Deffand. On se rappelle que la demoiselle de compagnie gagna presque sans le vouloir le cœur de la plupart des amis de sa vieille maîtresse et se trouva un matin les lui avoir enlevés pour se faire à elle-même un salon. C'est à peu près ce qui se passa chez l'archiduchesse Isabelle. François-Ferdinand, loin de s'attarder à courtiser l'une des filles de la maison en vue d'un mariage, s'appliqua à plaire à la demoiselle d'honneur par laquelle il avait été séduit en la voyant. Il avait alors trente-huit ans, l'aspect aimable, le caractère assez sérieux et par-dessus tout le prestige d'un futur empereur. Il possédait, en outre, une fortune estimée à 80 millions de florins que lui avait léguée le vieux duc de Modène. De tels avantages étaient bien faits pour racheter les défauts qui auraient pu écarter de lui la sympathie.

Tout ceci s'était passé à l'insu de l'archiduchesse. Elle s'étonnait que celle de ses filles qu'elle destinait à François-Ferdinand attirât si peu son attention ; mais elle était bien loin de soupçonner sa demoiselle d'honneur d'être la cause de l'indifférence que l'archiduc affectait vis-à-vis de sa jeune cousine. Une dénonciation, confirmée bientôt par un billet de l'archiduc qui était tombé sous sa main, lui fit à l'improviste découvrir la vérité. Dans l'excès de sa colère, elle chassa la comtesse

Sophie et celle-ci, honnie par sa famille, en fut réduite à se réfugier dans un couvent à Prague où bientôt l'archiduc venait la chercher, résolu à l'épouser. Bien que, lorsqu'il le lui avait avoué, elle lui eût fait remarquer que l'empereur ne donnerait jamais son consentement à leur mariage et que dès lors l'amour qu'elle avait inspiré serait pour elle une source de chagrins et de larmes, elle ne put résister à ses prières et prit l'engagement d'être sa femme s'il persistait dans ses résolutions. Il y persista et peu à peu, il en arriva à trouver des appuis jusque dans la famille impériale.

L'empereur se fit longtemps prier avant de donner son consentement à une union contraire aux intérêts dynastiques. Mais, sollicité de divers côtés à la fois et surtout par son neveu, qui plaidait sa cause avec l'ardeur d'un homme violemment épris, il finit par céder, à la condition que l'archiduc renoncerait aux droits éventuels que sa postérité pourrait avoir sur l'héritage et la couronne des Habsbourg. Il était également convenu que la nouvelle épouse, créée pour la circonstance Altesse Sérénissime et princesse de Hohenberg, n'aurait aucun rang à la cour. Le prince héritier accepta ces conditions et le mariage fut célébré dans l'intimité, le 1er juillet 1900, au château de Reichstadt. L'archiduc avait consenti à ce que sa femme ne fût jamais impératrice et elle s'était prêtée sans hésiter à cette renonciation. On a dit qu'elle avait pensé que, à défaut de la couronne impériale, elle pourrait porter un jour la couronne de Hongrie, la constitution de ce pays n'exigeant pas alors que sa souveraine appartînt à une maison royale. Mais il n'existe aucune preuve d'un tel calcul et tout porte à croire qu'il lui a été faussement attribué.

On a dit aussi que ce mariage avait été l'œuvre des Jésuites et que l'archiduc ne s'y serait pas prêté s'il n'y avait été poussé par eux ! N'est-il pas plus logique d'admettre qu'en cette affaire, le prince héritier a cédé aux impulsions de son cœur? Ce qui le prouve c'est que son mariage a été heureux et que sa femme, avec une habileté remarquable, a mené sa barque conjugale à travers les écueils les plus périlleux, et a exercé son influence sur son époux de manière à faire dire qu'elle a été pour lui une conseillère sage et prudente et un guide très sûr. C'est le témoignage que lui rendent tous ceux qui ont approché le couple princier. Ils vantent la tendresse de l'époux, la sollicitude de l'épouse, la grâce et l'affection des enfants pour leurs parents. Il n'y a donc pas lieu de s'étonner que, dans le ménage, son pouvoir soit devenu illimité et qu'à la cour, tout en dissipant les antipathies de l'empereur, elle ait réduit au silence les jalousies et les hostilités.

En 1914, la situation était complètement changée à son avantage. Lorsqu'elle s'était mariée. il avait été dit qu'elle n'aurait aucun rang à la cour. Maintenant elle en avait un. Déclarée princesse en se mariant, elle avait été élevée depuis au rang de duchesse en des conditions toutes spéciales et, dans les bals et réceptions, elle prenait place sur l'estrade de la famille impériale après la dernière des archiduchesses qui, toutes, la traitaient amicalement. Pour en arriver là, pour se faire pardonner l'ascension lente par laquelle elle se rapprochait du but qu'elle poursuivait, il lui avait fallu beaucoup de souplesse, d'habileté, de modestie apparente et surtout de dignité.

Un homme qui l'a beaucoup connue écrivait récemment que rien dans son extérieur d'Allemande robuste et sans finesse ne révélait l'intrigante. « Loin d'avoir une beauté souveraine ou une séduction ensorcelante par lesquelles se fût expliqué un mariage si contraire à la raison d'Etat, elle ressemblait plutôt à n'importe quelle femme d'héritier présomptif épousée par convenance politique et pour continuer la dynastie. Il est pourtant certain qu'elle exerçait une influence absolue sur son mari et qu'à partir du jour où elle s'était aperçue qu'il était de santé délicate, elle l'avait amené à se confiner presqu'exclusivement dans les joies qu'il trouvait à son foyer, embelli avec les années par la naissance de trois enfants. »

Cependant il est à remarquer que, peu de temps avant le drame où l'archiduc et sa femme devaient trouver la mort, il était en proie à une nervosité maladive qui, parfois, devenait inquiétante. Il n'est pas douteux que la guerre des Balkans et ses conséquences avaient excité ses inquiétudes ; il redoutait des complications internationales auxquelles l'Autriche-Hongrie se trouverait mêlée ; peut-être aussi connaissait-il les projets antiserbes qu'on étudiait au Ballplatz et craignait-il que, le jour où on tenterait de les réaliser, ils ne provoquassent un conflit dont les suites seraient tragiques. On eût dit que les éventualités en vue desquelles il se préparait en conférant avec les généraux, en dressant des plans de campagne, en entrant dans tous les détails de l'organisation de l'armée, pesaient sur son esprit et le disposaient aux pensées les plus sombres.

Si l'on veut, en outre, se rappeler que c'est presque à la veille de sa mort que les changements survenus dans sa mentalité s'accusaient ainsi de plus en plus, on sera tenté de supposer que, déjà, naissait en lui le pressentiment de sa fin prochaine.

Qu'on admette ou non qu'il l'a pressentie, on doit constater qu'autour de lui, alors qu'il se préparait à partir pour aller inspecter en Bosnie le corps d'armée qui y tenait garnison, une crainte analogue s'éveillait. On s'inquiétait de son voyage comme d'un péril auquel il ferait mieux de ne pas s'exposer. On a même prétendu que le comte Tisza lui avait conseillé d'ajourner son inspection. Néanmoins, dans les derniers jours du mois de juin, il quittait sa résidence pour aller remplir ce qu'il considérait comme un devoir. Sa femme, ayant à cœur de ne pas le priver des soins qu'elle était accoutumée à lui prodiguer, avait voulu partir avec lui et il s'était prêté à son désir.

Trois semaines avant, ainsi que nous l'avons dit, l'empereur Guillaume, accompagné de l'amiral von Tirpitz, était venu le voir à Konopischt. Le secret de leurs entretiens n'a pas été dévoilé et, encore aujourd'hui, ils restent enveloppés de mystère. Mais, quand on songe à la soudaineté avec laquelle le gouvernement austro-hongrois s'est trouvé prêt, au lendemain du drame de Sarajevo, à attaquer la Serbie, on y trouve la preuve que l'attaque était préparée depuis longtemps et qu'on n'attendait qu'un prétexte pour donner suite à ces projets. Dès lors, est-il téméraire de penser que c'est des moyens de la rendre victorieuse qu'il a été question dans l'entrevue de l'empereur Guillaume avec l'archiduc-héritier? Ils ne se doutaient alors ni l'un ni l'autre que c'est la mort de l'un d'eux qui allait fournir le prétexte dont on avait besoin pour justifier une entreprise criminelle. Pour l'honneur de la mémoire de François-Ferdinand, on voudrait pouvoir affirmer qu'il était resté étranger à sa préparation, ou que tout au moins il est mort sans avoir été initié aux projets et aux ténébreux calculs de Guillaume II.

---

CHAPITRE IV

# LE DRAME DU 28 JUIN 1914

Le dimanche 28 juin 1914, la petite ville de Serajevo, capitale de la Bosnie, présentait l'animation des jours de fête. C'est une cité pittoresque, tout imprégnée d'orientalisme, la plus riante peut-être de la Turquie d'Europe et de la presqu'île des Balkans. Avant qu'elle ne fît partie de l'empire austro-hongrois, les poètes de l'Islam ont chanté la grâce architecturale de ses mosquées et de ses minarets, les ombrages de la rivière qui la traverse et surtout la beauté du paysage somptueux qui lui sert de cadre. Depuis cette époque, sous l'influence du régime autrichien, certains quartiers se sont modernisés mais sans enlever à l'ensemble son caractère oriental.

La population de Serajevo, comme celle de la province, se compose de musulmans et d'orthodoxes, de catholiques et d'israélites, tous également fanatiques dans l'antagonisme qui les divise et qui a déchaîné maintes fois la guerre civile. Ce jour-là cependant, à travers les rumeurs de la foule, on n'eût rien deviné de ces divisions. Sous la lumière ardente de l'été commençant, elle circulait, bruyante, mais pacifique, exprimant surtout de la curiosité et levant avec complaisance ses regards vers les drapeaux autrichiens arborés à la cime des minarets, au sommet de la citadelle et sur les divers monuments de la cité, en l'honneur de l'archiduc François-Ferdinand, prince héritier d'Autriche-Hongrie.

Après avoir assisté durant les jours précédents aux grandes manœuvres du 15e corps d'armée et passé ce matin-là une revue des troupes aux environs de la ville, il venait la visiter en compagnie de sa femme, la duchesse de Hohenberg. Quoique au moment de son mariage, mariage morganatique, elle eût été exclue des honneurs réservés aux princes et princesses de la famille impériale, personne en ce moment ne songeait à les lui disputer; on savait qu'elle participerait à tous ceux qui seraient prodigués à son mari.

La veille de ce jour, une affiche signée du bourgmestre de Serajevo, un musulman, avait annoncé aux habitants la visite princière en vue de laquelle ils étaient invités à pavoiser leurs demeures. On leur signifiait en outre qu'il leur était interdit de monter sur les toits et sur les arbres, de s'asseoir sur les balustrades des fenêtres et des balcons, d'y mettre des pots de fleurs. Enfin, il était recommandé aux spectateurs de la rue de rester sur les trottoirs. La crainte des accidents et le désir de les éviter justifiaient ces mesures. Mais quelques personnes s'étonnaient qu'on n'en eût pas pris de plus sérieuses pour protéger les augustes visiteurs. Lorsqu'à des époques précédentes l'empereur François-Joseph était venu se montrer à ses sujets bosniaques, c'est toujours la police locale qui veillait à la sûreté du souverain. Cette fois, elle avait été avertie que son rôle serait attribué aux autorités militaires. Le général Potioreck, commandant le 15e corps, était pourvu d'instructions à cet effet. Mais il ne semblait pas qu'il en eût tenu compte. Aucune escorte n'était commandée pour le prince héritier et parmi ses officiers la surprise se manifestait.

Elle était légitime. S'il est une province de la monarchie austro-hongroise où une surveillance rigoureuse fût nécessaire autour d'un membre de la maison de Habsbourg, c'était bien la Bosnie depuis qu'elle subissait la domination autrichienne, vis-à-vis de laquelle elle symbolisait le slavisme asservi et toujours prêt à se révolter contre ses oppresseurs.

Cette domination s'exerçait, rappelons-le, depuis le congrès de Berlin. Alléguant que ces contrées avaient été le berceau de la guerre russo-turque et que le gouvernement ottoman était hors d'état de les pacifier, les plénipotentiaires réunis en 1878 dans la capitale de l'Allemagne avaient décidé que, désormais, elles seraient administrées et occupées par le gouvernement austro-hongrois. L'article 25 du traité de Berlin, substitué à l'article 14 du traité de San-Stefano, avait rendu définitive cette décision prise à l'unanimité des membres du congrès, à l'exception, bien entendu, des diplomates turcs dont les protestations d'ailleurs étaient restées impuissantes.

Mais cette décision avait dû être imposée par la force aux patriotes bosniaques. Lorsqu'au mois de juillet, l'armée austro-hongroise s'était présentée devant Serajevo pour occuper la ville, elle avait vu se dresser devant elle une résistance acharnée. On s'était battu dans les rues durant tout un jour. L'insurrection écrasée, le cabinet de Vienne avait accusé les Serbes de l'avoir fomentée. Il est certain qu'au moment où le congrès de Berlin venait de prononcer l'indépendance et l'autonomie du Monténégro, de la nation bulgare et de la Serbie, celle-ci, bête noire de la Hongrie, n'avait pu voir sans déplaisir la puissance austro-hongroise s'établir à ses portes, en état de lui disputer par les armes les avantages qu'elle devait aux décisions du Congrès. Mais après ce soulèvement la Bosnie s'était soumise. N'empêche que dès ce jour, toutes les fois que la politique de Vienne en Bosnie-Herzégovine a suscité des difficultés, c'est la Serbie que le gouvernement impérial en rend responsable ; à titre de représailles ou de mesures préservatrices, il gouverne despotiquement les contrées dont il s'est fait confier l'administration et traite avec une rigueur inexorable, parfois même avec autant de cruauté que de mauvaise foi, les Serbes qui s'y trouvent établis.

Cette situation se prolonge jusqu'en 1908 sans cesser de s'envenimer de plus en plus. C'est alors que le cabinet de Vienne, espérant y mettre un terme, se décide à annexer purement et simplement les deux provinces à l'empire, malgré la Russie, que les menaces de l'Allemagne obligent à capituler. Mais l'annexion n'améliore pas les rapports de Vienne avec Belgrade. S'ils restent courtois en apparence, les ressentiments réciproques que cache la courtoisie des formes n'en deviennent que plus vivaces et plus menaçants.

On peut dater de cette époque le projet conçu au Ballplatz de recourir aux armes contre la Serbie, afin de noyer dans le sang les éléments de révolte qu'on l'accusait de favoriser et qui avaient leur répercussion dans les contrées des Balkans, annexées à l'Autriche, où résidaient des populations originaires de Serbie. Pour préparer cette guerre, le cabinet de Vienne, durant plusieurs années, a usé des moyens les plus déloyaux. Le fameux procès d'Agram en 1908, le procès Friedjung en 1909 en fournissent la preuve. En ces deux circonstances et afin de faire croire qu'en Bosnie et en Croatie, les Serbes résidant entretenaient un commerce de trahison avec la Serbie et ourdissaient un complot contre l'Autriche, le cabinet de Vienne n'a pas craint de mettre en cause des innocents et, pour les perdre, de recourir à des faux témoignages payés à prix d'argent.

A Agram, ce fut une scandaleuse parodie de la

justice dont s'indigna la presse européenne et qui donna lieu à ses véhémentes protestations. Seuls les journaux allemands et austro-hongrois firent défaut à cette croisade de la conscience mondiale révoltée. Il semblait que l'atteinte portée en cette circonstance à l'honneur autrichien dût servir d'avertissement au cabinet de Vienne et l'empêcher de renouveler cette manœuvre inique. Mais l'année suivante il la recommençait. Le 25 mars 1909, un journal viennois publiait, sous la signature du docteur Friedjung, publiciste considéré jusque-là comme un homme consciencieux et probe, un article basé sur des documents secrets desquels il résultait qu'un groupe de sommités serbo-croates avaient travaillé à organiser une rébellion contre l'Autriche. On sait que ces documents avaient été fabriqués à Belgrade au siège de la légation austro-hongroise sous la direction du comte Forgasch. Mais au moment où ils furent rendus publics, le cabinet de Vienne, bien qu'il en connût l'origine et en eût encouragé la fabrication, affecta de les croire authentiques. Leur fausseté ne fut démontrée que lorsque les personnages mis en cause poursuivirent leurs accusateurs devant la Cour d'assises.

Au début du procès, le président de la Cour ne déploya de rigueurs que contre les plaignants et s'efforça de convaincre le jury de la vérité des accusations dont ils avaient été l'objet. Tout était combiné d'avance pour démontrer l'authenticité des documents publiés par le docteur Friedjung.

Mais cet échafaudage s'écroula grâce à l'intervention imprévue d'un personnage dont le nom figurait dans ces pièces. Il put prouver qu'à l'heure où elles le représentaient comme organisant et présidant à Belgrade des comités de conspirateurs, il résidait à Berlin où il suivait des cours de jurisprudence. Des témoignages analogues, attestant la fausseté des pièces produites, achevèrent de mettre en déroute les accusateurs. Le procès se termina à la confusion du docteur Friedjung, aussi bien qu'à celle des metteurs en scène de cette manœuvre criminelle.

De tels incidents étaient suffisants pour accroître, chez les Serbes, la haine de l'Autriche. Cette haine, l'Autriche, par les traitements qu'elle infligeait à ses sujets bosniaques, semblait prendre à cœur de la rendre plus active et plus violente.

On lit dans une lettre écrite de Vienne en 1910 :

« On pourrait croire que le gouvernement de Vienne exige des fonctionnaires qu'il envoie en Bosnie un minimum de compétence et d'honnêteté. Mais il n'en est rien. Tout ce que la monarchie compte de décavés, d'officiers rayés des cadres, de comptables suspects, de policiers fanatiques, de Slaves renégats, de Tchèques ou de Polonais traîtres à leur pays trouve à s'employer dans l'administration bosniaque. On enlève aux indigènes les emplois qu'ils occupent pour les donner à ces étrangers, rebut de leur pays. A l'heure actuelle, sur un millier de fonctionnaires employés en Bosnie par l'administration austro-hongroise, on compte à peine une centaine de Serbes, alors que cependant les Serbes orthodoxes forment presque la moitié de la population de la province. Ajoutez à ces détails l'indifférence du gouvernement en présence de la crise agraire qui dévaste le pays, la misère des campagnes, la servitude des petits fermiers, exploités par les grands propriétaires, pour la plupart ennemis jurés du slavisme et protégés de l'Autriche, et vous comprendrez de quels sentiments peuvent être animés les Serbes de Bosnie. »

Cette lettre n'expose qu'une partie de leurs griefs. Il en est d'autres et non moins irritants. La constitution donnée à la Bosnie au moment de l'annexion, est foulée aux pieds par ceux qui l'ont édictée ; le gouvernement civil qu'elle a créé est remplacé par un gouvernement purement militaire, ce qui est d'autant plus grave que les officiers des régiments envoyés en Bosnie sont, pour la plupart, des Allemands d'Autriche, exécrant les Slaves et se plaisant à les provoquer par leur attitude, leurs propos et même leurs chants. A Serajevo, comme dans la plupart des localités de la province, la provocation de l'armée s'accentue et s'envenime par suite de scènes qui se produisent, tantôt dans les cafés, tantôt au théâtre, voire dans la rue, et qui se dénouent par quelque humiliation imposée aux Serbes ou par quelque mauvais procédé du caractère le plus injurieux.

Les années qui suivent l'annexion de la Bosnie-Herzégovine à l'empire austro-hongrois présentent à tout instant des traits de ce genre. Ils attestent à la fois la malveillance du cabinet de Vienne envers les Serbes et l'intention qu'il nourrit d'aller les frapper à Belgrade pour détruire le petit État qui ose opposer ses espérances patriotiques à la puissance autrichienne. Mais, à l'improviste, l'alliance des Balkans contre la Turquie vient déjouer les combinaisons du gouvernement impérial. Il espère que les Turcs seront victorieux et qu'il pourra offrir sa protection à la Serbie, ce qui équivaudrait à une prise de possession. Mais les Turcs sont vaincus et la Serbie sort de l'épreuve qu'elle vient de subir plus grande et plus forte qu'auparavant et plus respectée par l'Europe. Le cabinet de Vienne cherche alors un *casus belli*. Il ne l'a pas encore trouvé lorsqu'éclate la seconde guerre balkanique. Prompt à s'illusionner, il se flatte de l'espoir que les Serbes seront défaits par les Bulgares. C'est le contraire qui arrive. Déçue jusqu'à la fureur, l'Autriche invite l'Italie à une guerre défensive contre la Serbie, mais elle se heurte à un refus formel. Alors elle s'abouche avec les Turcs ; l'attaque contre la Serbie et la marche sur Salonique sont décidées ; il ne s'agit plus que de trouver un prétexte.

A peine est-il besoin de rappeler que cette politique toute de haine et de colère avait eu dès le début l'approbation de l'empereur Guillaume II. Ce n'est pas qu'il fût passionnément désireux de la favoriser au profit de l'Autriche ; mais la Serbie tient la porte de l'Orient et, à ce titre, il convenait qu'elle tombât au pouvoir de la Triple-Alliance.

Les événements que nous rappelons n'étaient pas de nature à rendre plus cordiaux et plus confiants les rapports du cabinet de Belgrade avec le Ballplatz. Il n'est pas douteux qu'au moment où l'archiduc François-Ferdinand accomplissait son voyage en Bosnie, l'opinion serbe était justement exaspérée contre l'Autriche. Il eût donc été de toute prudence de prendre des mesures de sûreté à Serajevo et ailleurs, partout enfin où devait passer le futur empereur, alors que le ressentiment national contre l'Autriche pouvait trouver dans cette visite un élément nouveau d'excitation et tourner au tragique.

Vers onze heures, un grand mouvement se produisit parmi la foule. Elle avait aperçu, se dirigeant vers l'hôtel de ville, les automobiles qui amenaient les visiteurs. Dans la première, qui était conduite par un officier d'ordonnance, le comte Harrach, se trouvaient l'archiduc et sa femme, le général Potioreck et le gouverneur de Bosnie ; dans la seconde, plusieurs aides de camp. Quelques acclamations saluèrent le cortège dont la marche était ralentie par l'encombrement de la rue où, faute d'escorte, il avait quelque peine à se frayer un passage.

Brusquement, une détonation se fit entendre ;

une bombe lancée contre l'automobile du prince et que, d'un geste instinctif, il avait repoussée, était retombée sur le pavé en éclatant avec fracas et si violemment que dans tout le voisinage les rideaux de fer des boutiques avaient été transpercés. Vingt personnes environ étaient atteintes par les éclats de l'engin et dans le nombre deux des aides de camp qui occupaient la seconde voiture.

Quoique en proie à la plus vive colère, l'archiduc, que sa femme s'efforçait de ramener au calme, recouvra assez de sang-froid pour s'occuper d'abord des blessés. Il ordonna de les conduire à l'hôpital militaire où ils recevraient les soins que nécessitait leur état. Puis, comme il exigeait qu'aucun changement ne fût apporté au programme arrêté en vue de sa réception, le cortège reprit sa marche dans la direction de l'hôtel de ville, au milieu d'une foule qui manifestait par ses cris son indignation contre les criminels et sans que le général Potioreck, malgré ce qui venait de se passer, songeât à entourer au moins d'un groupe de cavaliers la voiture du prince. L'imprudence était si grande que, lorsqu'on arriva à destination, le comte Harrach la reprocha à Potioreck. Le général haussa les épaules et s'écria avec une assurance superbe:

« Croyez-vous donc que Serajevo soit un nid d'assassins? D'ailleurs est-il admissible qu'on puisse voir deux attentats dans la même journée? »

L'entretien n'alla pas plus loin, mais le comte Harrach ne fut pas convaincu et depuis on l'a entendu déplorer la légèreté avec laquelle le commandant du 15e corps s'était conduit en cette circonstance. Il est vrai que celui-ci a prétendu ultérieurement que M. de Billinsky, ministre commun des finances de la monarchie dualiste, chargé de l'administration supérieure de la Bosnie, ne l'avait pas laissé libre de régler les détails du voyage de l'archiduc. Serait-ce vrai, il n'en resterait pas moins à sa charge que, commandant de la force armée, il n'a pas pris en vue de la journée du 28 juin les mesures de protection qui s'imposaient et que personne, si ce n'est lui, ne pouvait ordonner, la police locale ayant reçu l'ordre de ne pas intervenir.

Cependant, au seuil de l'hôtel de ville, le bourgmestre attendait, entouré des conseillers municipaux, se préparant à souhaiter la bienvenue au prince héritier et à sa femme. Mais comme il allait parler, l'archiduc lui ferma la bouche en l'apostrophant d'un accent ému et irrité :

— Monsieur le bourgmestre, on arrive à Serajevo pour faire une visite et on vous lance une bombe, c'est indigne.

Décontenancé par cette sortie, le bourgmestre gardait le silence; alors, d'une voix plus calme, le prince l'invita à parler et le magistrat municipal prononça l'allocution qu'il avait préparée. L'archiduc lui répondit en le remerciant des sentiments qu'il avait exprimés et plus encore des ovations enthousiastes dont sa femme et lui venaient d'être l'objet.

— J'y vois, ajouta-t-il, l'expression de la joie que cause la non-réussite de l'attentat.

Il n'y eut pas d'autre allusion à l'événement qui assombrissait cette journée de fête. Presque aussitôt d'ailleurs, François-Ferdinand manifesta le désir d'aller à l'hôpital militaire voir les blessés, parmi lesquels, nous l'avons dit, se trouvaient deux de ses aides de camp. Mais comme le comte Harrach, conducteur de l'automobile, ne connaissait pas le chemin, le général Potioreck monta sur le siège à son côté pour lui servir de guide.

On filait à toute vitesse et toujours sans escorte, lorsqu'à l'angle de la rue François-Joseph et de la rue Rudolf, un jeune homme qui stationnait depuis un moment à cette place, comme s'il attendait la voiture au passage, se jeta en avant en la voyant venir. Tirant de sa poche un revolver, il le déchargea par deux fois dans l'automobile. Le premier coup atteignit la duchesse au côté droit du ventre ; elle perdit connaissance et tomba sur les genoux de son mari au moment où lui-même était atteint à la gorge. Tout s'était passé si vite qu'il n'eut sans doute pas le temps de s'apercevoir que sa femme était touchée. On l'entendit murmurer :

— Sophie, tu dois vivre pour les enfants.

Mais frappée mortellement, elle aussi, il est probable qu'elle n'entendit pas cette recommandation de son mari mourant. Quelques instants après, ils rendaient l'âme l'un et l'autre au Konak, où on les avait transportés. Les médecins n'avaient pu constater que l'inutilité de tout secours médical, et le prêtre accouru en même temps qu'eux dut se borner à réciter les prières des morts.

Entre temps, la police s'était emparée des auteurs des attentats. Celui qui avait lancé la bombe était un ouvrier typographe nommé Cabrinovitch, fils d'un policier autrichien. Peu de temps avant de commettre son crime, il résidait à Belgrade d'où les autorités serbes, qui le tenaient pour un espion provocateur, avaient voulu l'expulser. Mais, la légation d'Autriche-Hongrie lui ayant délivré un certificat de bonne conduite, il avait pu prolonger son séjour à Belgrade. Depuis son retour à Serajevo, il se faisait remarquer, quoique sujet autrichien, par l'ardeur avec laquelle il défendait la cause serbe. La bombe dont il s'était servi était remplie de clous et de plomb haché. Mais il refusa de dire comment il se l'était procurée et d'indiquer les motifs qui avaient armé son bras.

L'auteur du dernier attentat était un étudiant âgé de dix-neuf ans et natif de Grahovo ; il se nommait Garilo Prinzip. Aux questions qui lui étaient posées, il se contenta de répondre qu'adversaire de l'impérialisme autrichien, il avait frappé l'archiduc héritier qui représentait cet impérialisme ; il avoua qu'en voyant dans la voiture une femme assise à côté du prince, il avait été sur le point de renoncer à son projet et que, s'il s'était décidé à l'exécuter, c'était dans la crainte de ne pas trouver plus tard une occasion aussi favorable. En outre, il affirma qu'il n'avait pas eu de complices, mais il ne disait pas la vérité. Les arrestations opérées ultérieurement infligèrent un démenti à son affirmation ; elles démontrèrent qu'on se trouvait en présence d'un complot ourdi par un petit groupe d'anarchistes fanatisés, complot assez banal, comme tant d'autres, dans ses origines, sinon dans ses effroyables conséquences.

Notre étude n'ayant pas pour objet de suivre en leurs détails les enquêtes judiciaires auxquelles il fut procédé au lendemain du crime, nous n'aurions rien à ajouter à cet égard s'il n'était nécessaire de constater que, dès ce moment, la police autrichienne s'attachait à établir que la conspiration venait de plus loin et de plus haut, et qu'elle avait ses origines sinon dans une complicité effective du gouvernement serbe, du moins dans ses complaisance pour les conspirateurs et dans les encouragement donnés par lui aux opinions qui avaient armé leurs bras.

Elle commence par prétendre qu'après les attentats, on a découvert, sur le chemin que devait suivre le prince héritier pour se rendre à Budapest où il était attendu, un assez grand nombre de bombes cachées et espacées, ce qui prouverait que tout avait été combiné pour que, s'il n'était pas tué à Serajevo, il trouvât la mort dans son voyage de retour. Mais cette découverte ne saurait être invoquée contre le gouvernement serbe, car, à supposer qu'elle soit exacte, resterait à élucider la question de savoir par qui ont été placées les bombes là où on affirme les avoir trouvées, si c'est par les conspirateurs ou par la police elle-même, qui s'efforçait de prouver que la conspiration avait été trop savamment organisée pour être uniquement l'œuvre d'une poignée d'assassins isolés et livrés à eux-mêmes. Il a fallu, d'après elle, qu'ils aient reçu des encouragements et des secours. Mais qui veut trop prouver ne prouve rien et, si le mystère qui enveloppe l'événement n'est pas encore éclairci à l'heure où nous sommes, on n'a pu cependant y trouver une charge accusatrice contre le cabinet de Belgrade, tandis que, dans une certaine mesure, il a autorisé contre le cabinet de Vienne des soupçons non moins fondés que les siens et mieux justifiés.

Faut-il aller jusqu'à se ranger à l'opinion de M. Vesnitch, ministre de Serbie à Paris, lorsqu'il déclare, avec l'autorité qu'il doit à son caractère et à ses fonctions, que les principaux coupables du crime de Serajevo sont non pas à Belgrade, mais à Vienne et à Budapest? Nous n'oserions l'affirmer, bien que la perfidie et la duplicité dont depuis a fait preuve le gouvernement austro-hongrois rendent vraisemblables les hypothèses les plus odieuses. Mais il est certain qu'ainsi que l'a dit le diplomate serbe, « la morale publique et la justice réclament d'autres débats ».

Que l'Autriche se fût préparée à entrer en campagne, cela n'est pas douteux. On a donné à cet égard des preuves irréductibles. Mais en voici une qui confirme toutes les autres :

Un matin du mois d'avril 1913, un inconnu se présentait à la légation de Serbie à Paris et demandait à parler au ministre. Comme il ne voulait pas donner son nom, M. Vesnitch refusa d'abord de le recevoir. Mais, sur l'insistance du visiteur, il consentit à lui ouvrir sa porte et vit entrer dans son cabinet un homme jeune, élégant, de mine martiale, qui lui tint ce langage :

— Vous ne me connaissez pas, Monsieur, et il est inutile que vous me connaissiez ; qu'il vous suffise de savoir que je suis Serbe, officier dans l'armée autrichienne ; qu'arrivé à Paris tout à l'heure à la faveur d'un congé que j'ai pu obtenir pour la durée des fêtes de Pâques, je repars ce soir et que j'ai fait ce voyage uniquement afin de vous parler.

— Qu'avez-vous donc à me dire? demanda M. Vesnitch.

— J'ai à vous dire ceci, répondit l'inconnu. Mon régiment a été averti qu'il était désigné pour faire partie d'une expédition contre la Serbie ; on ne nous en a pas fixé la date, mais j'ai lieu de croire qu'elle est prochaine. On a distribué aux officiers des cartes géographiques des contrées où nous devons opérer. J'en ai reçu une, comme tous mes camarades. J'ai considéré comme un devoir de vous prévenir, convaincu que vous feriez votre profit de cet avertissement.

Le ministre aurait voulu en savoir davantage. Mais l'inconnu se retira en déclarant qu'il n'avait rien à ajouter à sa communication. Elle prouve du moins, une fois de plus, que, plusieurs mois avant la guerre, le gouvernement austro-hongrois l'avait résolue et la préparait.

Quant à la Serbie, elle n'avait rien à gagner à prêter les mains à l'assassinat dont l'Autriche-Hongrie lui a imputé la responsabilité. Il était contraire à ses intérêts. Attiser la haine des Autrichiens et des Hongrois et s'aliéner par un crime les sympathies de l'Europe eût été une insigne maladresse. Victorieuse dans deux guerre successives, détestée par les Bulgares dont elle avait châtié la trahison, jalousée par l'Autriche qui ne se consolait pas de l'avoir vue grandir et ne lui marchandait pas son ressentiment, son intérêt le plus évident lui commandait d'éviter les aventures, de ne pas braver ses voisins et de jouir dans le recueillement et dans la paix du fruit de ses victoires. Les efforts de ses ennemis n'ont pu prouver qu'elle ait manqué à cet ensemble de devoirs patriotiques, ni qu'elle ait mérité le martyre qu'ils lui ont fait subir et qui les a déshonorés à jamais.

---

CHAPITRE V

# APRÈS LE DRAME

Le jour même où, dans la matinée, l'archiduc-héritier et sa femme avaient péri à Serajevo, la nouvelle de leur mort arrivait vers la fin de l'après-midi à Ischl où se trouvait l'empereur. Elle lui était transmise, de Vienne, par le comte Berchtold à qui elle avait été envoyée. Nous ignorons comment, dans l'entourage de François-Joseph, on s'y prit pour la lui communiquer. Mais si l'on veut se rappeler qu'avec un homme de son âge, il était nécessaire d'user de ménagements, on admettra comme vraisemblable la version d'après laquelle sa vieille amie, M^me^ Schraat, aurait été chargée de lui annoncer le malheur qui frappait la monarchie. C'est elle, on s'en souvient, qui en une circonstance non moins tragique et plus cruelle pour lui était intervenue pour lui apprendre la mort de son fils. Elle a toujours été considérée comme la personne la mieux placée pour amortir les coups qui venaient le frapper.

On a raconté qu'en lisant la dépêche qui lui faisait part du crime de Serajevo, il aurait fondu en larmes et se serait écrié :

« Affreux ! Affreux ! Aucune épreuve ne m'aura été épargnée ! »

On avait entendu le même cri dans sa bouche, lorsque, plusieurs années avant, lui était parvenue la nouvelle du meurtre commis sur l'impératrice à Genève. Mais s'il n'est pas étonnant qu'à la mort de François-Ferdinand, sa douleur se soit exprimée dans des termes identiques, il n'est pas douteux qu'il ne se sentait pas aussi cruellement atteint que lorsqu'il avait perdu sa femme d'une manière foudroyante et tragique. La mort de l'archiduc ne le touchait ni dans son cœur, car il ne l'aimait pas, ni dans l'intérêt dynastique, puisqu'un autre héritier qu'il chérissait comme un fils était déjà désigné pour porter la couronne après lui.

En outre, il savait François-Ferdinand en proie à une maladie qui pardonne rarement : il ne croyait pas qu'il vivrait de longs jours et ne souhaitait pas qu'il régnât. L'année précédente, étant lui-même gravement indisposé et n'ignorant pas que son état inspirait dans son entourage les plus vives inquiétudes, il avait dit à l'un de ses familiers qui s'efforçait de le rassurer et lui prédisait un prompt rétablissement :

— Je suis préparé à la mort ; je demande seulement à vivre assez longtemps pour voir Charles devenir l'héritier de la couronne.

Si les mots ont une signification, ceux-ci ne laissent aucun doute sur l'existence en lui d'une disposition particulière à se résigner à son nouveau malheur; néanmoins, il ne pouvait ne pas en sentir le caractère véritablement fatidique. La catastrophe succédait à plusieurs autres qui ont imprimé à sa vie la physionomie d'une tragédie en plusieurs actes, où chacun d'eux semble dépasser en horreur celui qui l'a précédé.

L'insurrection de la Hongrie en 1848 et les révoltes des pays italiens, les châtiments barbares infligés aux rebelles ont ensanglanté les débuts de son règne et assombri sa mémoire d'un souvenir sinistre. La guerre de 1859 a eu pour conséquence la perte de ses territoires méridionaux. Les défaites de 1866 l'ont dépouillé de la puissance séculaire de l'Autriche sur la Confédération germanique, et dès ce jour commence pour lui cette vassalité à la Prusse dont les années qui suivront mettront en lumière, et toujours avec plus d'évidence, les résultats si funestes pour l'avenir de sa dynastie.

Sur ces événements désastreux mais purement politiques, viennent se greffer des catastrophes d'un caractère plus personnel mais effroyablement poignantes. C'est d'abord le drame de Queretaro. Lorsque son frère Maximilien, à l'instigation de l'ambitieuse et infortunée Charlotte, s'est fait proclamer empereur du Mexique, il a exigé de lui une renonciation formelle à ses droits sur la couronne autrichienne. Maximilien a énergiquement résisté et la dernière entrevue des deux frères a donné lieu à un débat dont la vivacité menaçait de les brouiller à jamais. Mais au moment où ils allaient se séparer et où Maximilien atteignait déjà la porte, François-Joseph, obéissant peut-être à un remords tardif, l'a rappelé d'une voix suppliante :

« Max! Max! ne nous quittons pas désunis! »

Le nouvel empereur est revenu sur ses pas ; il a vu son frère qui lui ouvrait les bras et il s'y est jeté. Cette réconciliation n'a pu cependant effacer dans son cœur le souvenir des exigences auxquelles il avait dû céder, et ce souvenir, peut-être François-Joseph l'a-t-il aussi gardé pour se le reprocher à plusieurs reprises, et plus particulièrement le jour où il a appris que l'empereur Maximilien avait péri fusillé et que l'impératrice Charlotte était folle.

Après le drame de Queratero, et vingt ans plus tard, c'est le drame de Mayerling où disparaît, dans une aventure sanglante, mystérieuse et romanesque, l'archiduc Rodolphe sur qui reposaient toutes les espérances de son père et de sa mère et celles de la monarchie. Plus tard, ce sera la tragédie de Genève, épisode affreux, sans influence cependant sur les destinées de l'empire.

Il est remarquable que ces catastrophes ont traversé l'existence de l'empereur François-Joseph sans altérer, au moins en apparence, la fermeté d'âme que pendant si longtemps on s'est plu à lui reconnaître. On l'a vu, aux obsèques de son fils, suivre le cercueil avec une dignité tout impériale, refoulant ses larmes et s'efforçant de montrer aux trente archiducs qui le suivent, aux maréchaux, généraux, diplomates qui l'observent, qu'il est plus haut que son infortune. Il n'a eu qu'un moment de défaillance, c'est lorsque, dans la crypte de la chapelle des Capucins, il a dû s'agenouiller devant la dépouille mortelle du défunt. Un sanglot a déchiré sa gorge ; il a plongé son front dans les draperies qui recouvraient la bière dont ses bras ont enlacé fièvreusement l'extrémité, et on a entendu le bruit des baisers mêlés de larmes, qui soulignaient tragiquement les adieux suprêmes du père et de l'empereur à ce fils, de la mort duquel il ne se consolera jamais. Mais cette crise n'est que passagère. Quand il se relève, il a recouvré sa force d'âme, et le regard qu'il promène sur l'assistance est véritablement le regard d'un souverain qui ne se sent pas atteint dans la puissance qu'il possède d'ordonner et de se faire obéir.

Les obsèques de l'impératrice donnèrent lieu à un incident non moins révélateur de l'empire qu'il exerçait alors sur lui-même. On a vu plus haut comment la douleur de l'époux s'était exprimée. Elle semblait si vive que, pour ne pas l'en distraire, les princes régnants venus pour assister à la cérémonie funèbre repartirent le même jour sans avoir cherché à le voir, et c'est Guillaume II qui donna l'exemple de cette attitude réservée et discrète. Il en fut de même des missions extraordinaires envoyées pour la circonstance par les gouvernements étrangers. Elles quittèrent Vienne sans que François-Joseph eût été consulté et il s'en montra mécontent. Ayant appris que celle de France avait demandé, par l'organe de l'ambassadeur français, marquis de Reverseaux, à être reçue par un archiduc, il voulut la recevoir lui-même et lui fit entendre ses remerciments. Tout le monde fut frappé par la liberté d'esprit dont il fit preuve au cours de l'audience et par l'énergie dont témoignait toute sa personne.

Aucune émotion violente à constater après la mort de François-Ferdinand ; aucun effort apparent pour la surmonter, ce qui autorise à penser qu'en dépit des journaux qui, avec un accent de pitié le montrèrent dès le premier jour en proie à une immense douleur, il s'en fallait de beaucoup qu'il fût inconsolable.

La nouvelle de l'assassinat étant arrivée à Ischl dans l'après-midi du dimanche 28 juin, l'empereur fit aussitôt annoncer à Vienne son retour pour le lendemain et le lundi, dès le matin, il se mettait en route. Sur le parcours, sa fille cadette, l'archiduchesse Valérie, le rejoignit. Elle habitait, cet été-là, un de ses châteaux, non loin d'Ischl, et elle accourait pour être auprès de son père en ces tristes circonstances.

Un incident se produisit alors qui mérite d'être signalé. Il y avait à peine quelques heures que le retour prochain de l'empereur était annoncé à Vienne lorsque le bruit se répandit qu'il était mort en chemin. Les membres du corps diplomatique coururent aux informations, mais au palais on ne savait rien et on ne put les renseigner. On ne fut rassuré que dans l'après-midi lorsqu'on sut que l'impérial voyageur venait de rentrer à Schœnbrünn. Un fonctionnaire de sa maison déclara qu'ayant eu l'honneur de l'approcher, il l'avait trouvé tout à fait alerte et resplendissant de santé.

La mort tragique de l'archiduc et de sa femme était connue à Vienne depuis la veille. Habituellement, le dimanche, les journaux ne paraissent pas dans l'après-midi, mais ils avaient publié des éditions spéciales, et c'est ainsi que la population viennoise avait été informée. Toutefois et bien que la presse se montrât agressive contre les Serbes, l'effet produit ne fut pas aussi considérable qu'on aurait pu le supposer. En raison du caractère férié de la journée, beaucoup de gens étaient allés à la campagne; dans les rues, sur les promenades urbaines, la foule était rare. Le témoin dont nous avons déjà évoqué les souvenirs constate, dans une note datée du même jour, que la ville reprit son animation vers le soir seulement au fur et à mesure que les trains de banlieue y amenaient les promeneurs. Il ne signale parmi eux aucun trouble anormal, si ce n'est peut-être aux terrasses des cafés et brasseries où la lecture des journaux donnait lieu à des discussions plus ou moins passionnées.

Il en fut tout autrement le lendemain. Il y eut

des rassemblements sur divers points de la capitale, et, à la tombée du jour, des étudiants, au nombre d'un millier, allèrent manifester devant la légation de Serbie, poussant des cris hostiles contre les Serbes. Ce n'était que le début de mouvements analogues qui, durant les jours suivants, allaient se continuer à Vienne, à Budapest, à Serajevo, ailleurs encore, et qu'on a pu suivre à cette époque, à travers les dépêches des journaux. A plusieurs reprises, la police dut intervenir pour disperser les manifestants. Mais elle le faisait si mollement qu'on s'est demandé si ces troubles n'étaient pas fomentés par elle. Le Ballplaz préludait déjà aux perfidies et aux mensonges à l'aide desquels il espérait surexciter le sentiment national austro-hongrois contre la Serbie; il y employa des procédés dont il avait usé précédemmeut en Bosnie, un personnel policier préparé aux plus viles besognes et suffisamment chapitré pour comprendre que les manifestations de la rue favorisaient la politique anti-serbe.

Nous touchons ici à la question de savoir si l'empereur François-Joseph a été initié à cette politique agressive, s'il s'y est associé ou l'a approuvée et dans quelle mesure. M. Vesnitch, le ministre de Serbie à Paris, dans ses révélations sensationnelles publiées il y a quelques mois, fait allusion à une lettre qu'aurait écrite François-Joseph, à la mi-juillet 1914, au comte Bertchold et au comte Tisza, chefs des gouvernements de la monarchie dualiste, dans laquelle il disait qu'on ne devait pas rendre toute une nation responsable du crime de quelques fanatiques. Tel paraît bien avoir été son sentiment, et ce serait à sa décharge; mais où et quand l'a-t-il exprimé? En fait de lettres de lui adressées à ses deux ministres, il n'en est qu'une, à notre connaissance, qui ait été rendue publique, et nous n'y trouvons pas la phrase citée par M. Vesnitch, ni aucune autre qui puisse y être assimilée. Nous y relevons particulièrement celle-ci :

« Le vertige d'un petit nombre d'hommes induits en erreur ne saurait cependant ébranler les liens sacrés qui m'unissent moi et mes peuples; il ne peut atteindre les sentiments d'affection profonde qui ont été manifestés à nouveau, d'une manière si touchante, envers moi et envers ma maison régnant depuis des siècles. »

Si c'est en ces termes que le vieil empereur a entendu dégager, quant au forfait du 28 juin, la responsabilité de la nation serbe, on reconnaîtra que son désir est formulé bien timidement. D'autre part, M. H. W. Steed, dans ses précieux commentaires de la *Revue d'Edimbourg*, se dit en droit d'affirmer qu'aussitôt après le drame de Serajevo, François-Joseph a reçu de Guillaume II une missive confidentielle qui, à la cour de Berlin, a été interprétée par ceux à qui elle avait été communiquée comme un encouragement à la guerre.

Ainsi, en ce qui touche les véritables dispositions

de l'empereur d'Autriche, nous rencontrons, quand nous cherchons à les découvrir, des contradictions et des obscurités qui rendraient les preuves qu'on voudrait considérer comme probantes singulièrement fragiles, si nous ne nous rappelions que, dans les derniers jours de juin lorsque François-Joseph s'installait à Ischl pour tout l'été, il ne croyait pas à une guerre prochaine; que déjà à cette époque on constatait depuis un certain temps l'indolence au moins apparente avec laquelle il abandonnait à ses ministres la direction effective des affaires de l'empire et qu'enfin, avant d'adresser l'ultimatum à la Serbie, le comte Berchtold était allé passer trois jours à Ischl pour soumettre ce document à son approbation et lui démontrer la nécessité et l'opportunité de diverses mesures que le Ballplatz avait prises en vue de la guerre sans le consulter. N'est-il pas logique de conclure de cet ensemble de faits qu'au lendemain du crime, l'empereur ne croyait pas qu'il fût juste d'en rendre responsable le gouvernement de Belgrade et la nation serbe et que, pour le décider à souscrire à la conduite brutale et déloyale de son gouvernement imposée par l'ambassadeur d'Allemagne, il a fallu l'action combinée des Magyars et des Allemands d'Autriche qui triomphaient d'avoir enfin trouvé un prétexte pour frapper au cœur la Serbie et d'être assurés de l'appui du cabinet de Berlin.

Ce qui justifie cette conclusion, c'est que tous ces préparatifs ont été faits en dehors de François-

Joseph et qu'il ne les a connus que par la communication tardive du comte Berchtold. En ce moment, d'ailleurs, personne en Europe ne doutait de ses sentiments de modération ni de son désir d'éviter la guerre. C'est même les dispositions personnelles qu'on lui attribuait à cet égard que les optimistes opposaient aux appréciations alarmantes des journaux qui voyaient dans l'événement une menace pour la paix européenne.

La presse de la Triple-Alliance, à l'exception de celle d'Italie, tout en exprimant hypocritement l'espoir que ses craintes ne se réaliseraient pas, ne cherchait guère à dissimuler la gravité du péril. A Vienne, à Budapest, à Berlin, elle le signalait en un langage acrimonieux où elle accusait la Serbie de pousser les Bosniaques à la trahison et à la révolte. La presse slave relevait vivement ces propos et s'efforçait de démontrer que l'assassinat de François-Ferdinand et de sa femme était la conséquence de la politique haineuse, arbitraire et persécutrice pratiquée depuis trente-cinq ans contre les Serbes de Bosnie par le gouvernement austro-hongrois, et qui faisait peser sur eux un joug plus lourd et plus inique que ne l'avait été celui des Turcs dans le passé.

Ces débats s'étaient engagés au lendemain du 28 juin ; ils allaient s'envenimer en se continuant, devenir de part et d'autre plus véhéments et plus agressifs et, chose remarquable, sans que la personne du malheureux prince y restât mêlée, comme si tout le monde eût été d'accord pour le mettre en dehors de la crise déchaînée par sa fin tragique. C'est au vieil empereur que vont tout d'abord les témoignages de compassion, l'hommage des condoléances et des regrets ; c'est lui que de toutes parts les souverains, les présidents de républiques, les hommes d'Etat, les populations même enveloppent de sollicitude émue. On salue en lui comme « la plus grande victime des temps modernes », le Nestor des monarchies ; on oublie tout ce qu'on lui a justement reproché au cours de son règne et la sympathie mondiale, dont durant quelques jours il est l'objet, se traduit dans un langage de respect et de vénération.

Quant à François-Ferdinand, au fur et à mesure que la crise internationale s'aggrave, son souvenir s'effacera et s'effaceront aussi les sympathies feintes ou sincères dont il a été l'objet après sa mort. On nous a cité un mot terrible et significatif, recueilli au hasard des conversations qui eurent lieu à Vienne du 28 juin au 23 juillet et que nous voudrions pouvoir démentir : « Il fallait un prétexte pour attaquer la Serbie ; François-Ferdinand nous l'a donné ; sa tâche est remplie. »

Les témoins impartiaux de ces agitations sont unanimes à constater qu'à Vienne, dans les milieux gouvernementaux et chez l'ambassadeur d'Allemagne, la nouvelle de l'assassinat fut accueillie avec une joie qu'ils qualifient d'indécente. Elle résultait tout à la fois de ce que le prétexte qu'on cherchait était trouvé et de ce que les hauts fonctionnaires et les personnages de cour, qu'eût menacés dans leur situation l'avènement de François-Ferdinand, étaient délivrés de la crainte d'une disgrâce prochaine. On va voir ces sentiments se manifester jusque dans les dispositions prises pour les obsèques des infortunées victimes.

Transportés dans un port de la côte, les cercueils qui contenaient leur dépouille mortelle étaient embarqués aussitôt sur le cuirassé *Viribus Unitis* ; ils arrivaient à Trieste le 2 juillet et prenaient aussitôt la route de Vienne où le train entrait en gare vers six heures du soir, après avoir été salué en chemin, partout où il s'arrêtait, par les populations des contrées que l'on traversait, par le clergé et par les fonctionnaires locaux.

Le programme des cérémonies avait été arrêté par le prince de Montenuovo, grand-maître de la cour, qui doit sa fonction, commes on crédit auprès de l'empereur, à sa qualité de petit-fils de l'impératrice Marie-Louise. Entre ce personnage et François-Ferdinand régnait depuis longtemps une antipathie réciproque. L'héritier du trône ne pardonnait pas au grand-maître de la cour de s'être arrogé des prérogatives quasi-souveraines et, grâce à son influence sur le vieux monarque, de régenter la famille impériale. Le prince de Montenuovo devait donc croire qu'à l'avènement du nouvel empereur il serait dépossédé de ses hautes fonctions.

Il semble qu'allégé de ce souci, son premier

devoir eût été d'oublier les craintes plus ou moins fondées qu'il avait conçues. Délivré soudainement par la mort d'un redoutable adversaire, il se fût honoré en renonçant à la joie de se venger sur le défunt de ses inquiétudes et de ses transes. Il y aurait eu dans cette attitude quelque grandeur, et l'on ne peut que regretter pour l'honneur de son nom que l'homme souple, calculateur et de grande allure qu'il est, ait commis la très vulgaire faute de poursuivre jusque dans la tombe celui qu'il tenait pour un ennemi.

Après leur union dans la vie, les deux victimes de Serajevo avaient droit à n'être pas séparés dans la mort. Mais le protocole s'opposait à ce que les mêmes honneurs fussent rendus à l'épouse morganatique et à l'héritier de la couronne. Le grand-maître de la cour put ainsi tout régler de manière à réduire au minimum la part de l'archiduc et à ne lui accorder que ce qui ne pouvait lui être refusé. Il fut donc stipulé que les corps seraient reçus à la gare par le nouvel héritier, l'archiduc Charles, les dignitaires de la cour, un seul ministre, celui de la guerre, quelques généraux et officiers, et que le cortège se mettrait en route à la nuit, encadré de porteurs de flambeaux, d'un détachement des gardes-du-corps, d'un escadron de cavalerie et de deux compagnies d'infanterie pour se rendre à la chapelle de la Hofburg. Le lendemain, dès la première heure, serait célébré le service funèbre après lequel les cercueils resteraient exposés jusqu'à midi, pour être dirigés ensuite vers Amstetten, où l'inhumation devait avoir lieu dans un domaine de la vallée du Danube, affecté à la sépulture des membres de la famille d'Este.

En sa qualité de membre de la maison de Habsbourg, François-Ferdinand avait droit d'être inhumé à Vienne dans la chapelle des Capucins, où sont déposés les restes des princes de la famille impériale. Mais sa femme ne pouvant y être admise, il y avait renoncé pour lui-même et manifesté depuis longtemps sa volonté à cet égard. On a toujours pensé que, s'il était monté sur le trône, il aurait révoqué cette disposition, de même qu'il eût travaillé à élever jusqu'à lui sa compagne en la déclarant impératrice. Il savait que les cours de Berlin et de Londres étaient disposées à la reconnaître sous ce titre. Mais la mort le surprenant avant qu'il eût réalisé ce projet, c'est à Amstetten qu'ils devaient être conduits l'un et l'autre.

Quand le programme des obsèques fut connu, il souleva les plus vives critiques et notamment dans l'armée, où le défunt était populaire. On se rappelait que, lorsque l'archiduc Albert était mort, des diverses parties de l'empire avaient été appelées, pour suivre son convoi, des délégations de tous les régiments. On considérait comme un manquement grave à la mémoire de François-Ferdinand l'absence à ses obsèques des délégués de l'armée austro-hongroise.

On remarquait encore, et ce grief se traduisait

avec indignation, qu'on avait négligé d'inviter l'aristocratie et que, sous prétexte d'épargner des fatigues à l'empereur, les missions extraordinaires que les gouvernements étrangers se proposaient d'envoyer avaient été refusées aussi bien que les souverains. Guillaume II lui-même, qui voulait venir, eut la surprise d'être prié de n'en rien faire ; on a dit qu'il s'en montra fort irrité.

Au surplus, le mécontentement général éclata dans une manifestation de l'aristocratie qui fit événement. Lorsque, dans la soirée, le cortège funèbre, en route pour la Hofburg, passa devant le Jockey-Club, on en vit sortir, au nombre d'une centaine et en tenue de soirée, les plus brillants gentilshommes de la monarchie ; ils s'intercalèrent d'autorité dans les rangs et suivirent ainsi les cercueils jusqu'à la chapelle. Un témoin écrivait : « Ces chevaliers de la Toison d'or troublant une cérémonie de cour faisaient presque figure d'émeutiers. »

L'inhumation eut lieu, le lendemain, à Amstetten. Tout avait été préparé pour qu'elle se fît subrepticement et sans aucun faste. C'est encore en s'imposant que quelques fidèles purent y assister, au grand mécontentement de l'ordonnateur.

Aussitôt après le drame, il avait été dit que les enfants de l'archiduc, portant, comme leur mère, le nom de Hohenberg, recevraient le titre de ducs de Lorraine, avec des apanages en conséquence. C'était, paraît-il, un hommage par lequel l'empereur, bien inspiré, souhaitait d'honorer la mémoire des deux époux morts, en somme, au service du pays. Il ne fut pas donné suite à ces intentions. François-Joseph reçut les trois orphelins et le comte de Thunn, leur tuteur ; il leur prodigua des marques affectueuses de sa compassion et, par ses ordres, un revenu convenable leur fut assuré ; mais il ne fut plus question, quoique nés d'un archiduc à qui avait été assurée la couronne, de leur donner un titre princier. Il ne leur avait pas même été permis d'assister aux obsèques de leurs parents. Ce n'est qu'après la cérémonie de la Hofburg qu'ils furent autorisés à pénétrer dans la chapelle et à s'agenouiller devant les cercueils.

Personne, à Vienne, n'a hésité à voir dans ces mesures cruelles, presque inhumaines, la main du prince de Montenuovo. Néanmoins, afin de ne pas rester sous le coup de la réprobation soulevée par son attitude, il se fit adresser par François-Joseph une lettre officielle qui le remerciait des soins qu'il avait mis à régler avec la pompe convenable les funérailles de François-Ferdinand.

Ainsi tombe le rideau sur le drame dont la capitale bosniaque a été le théâtre. Mais il va se relever et nous permettre d'assister à des événements plus poignants encore. Autour du cercueil des victimes, il y a eu des plaintes et des larmes, une manifestation émouvante de sentiments de piété. Dans ces sentiments tout certes n'a pas été désintéressé. Les regrets de l'aristocratie tchèque y ont eu une large part et lui ont été surtout inspirés par la déception profonde à laquelle la livrait la mort de François-Ferdinand. Les compatriotes de la duchesse de Hohenberg avaient toujours espéré que, lorsque son mari monterait sur le trône, elle ne les oublierait pas et qu'ils jouiraient, grâce à elle, des faveurs de la cour dans une plus large mesure qu'il ne leur avait été donné d'en bénéficier jusque-là. Maintenant ces espérances étaient détruites, elles n'avaient plus de base et il fallait y renoncer.

Plus que jamais, d'ailleurs, c'est le parti antislave qui triomphait ; les Magyars et les Allemands continuaient à rester les maîtres, ayant pour objectif l'écrasement de la Serbie, qui depuis tant d'années était le but de leur politique, autrement dit la politique du Ballplatz. C'est là, dans ce milieu complètement germanisé, que sous l'influence désastreuse de Guillaume II, grâce à la sénilité de François-Joseph et à la complicité de Ferdinand, roi de Bulgarie, l'astuce austro-hongroise va se donner libre cours et préparer à l'humanité des lendemains terrifiants.

On voudrait voir en ce moment intervenir le nouvel héritier de la couronne, l'archiduc Charles-François-Joseph, et son autorité se mettre en travers des abominations qui s'élaborent. On lui attribue des sentiments qui permettent de voir en lui un ami de la paix ; il passe pour aimer la France, ce qui est d'autant plus vraisemblable que dans les veines de sa femme coule le sang des Bourbons et qu'elle n'a jamais perdu l'occasion de proclamer qu'elle tire orgueil d'être l'arrière-petite-fille de Charles X, ce qui n'empêche pas l'empereur d'entourer le ménage de sa plus tendre sollicitude. Il semble donc que l'archiduc héritier pourrait conjurer l'exécution des desseins criminels qu'on étudie au Ballplatz. Mais c'est un jeune homme qui n'a pas été préparé au grand rôle dont la mort de François-Ferdinand vient de l'investir à l'improviste ; sans doute aussi les auteurs du complot ourdi contre la Serbie ont-ils négligé de le consulter. Dans aucun des rapports que nous possédons sur les péripéties des journées qui vont suivre et qui constituent le prologue de la guerre, il n'est question de lui ; on ne constate nulle part sa présence, de telle sorte qu'on peut se demander s'il a été initié aux questions qui s'agitaient dans les conférences ministérielles où nous ne voyons figurer à côté des fonctionnaires austro-hongrois que l'ambassadeur d'Allemagne, véritable chef d'orchestre dans le concert infernal dont on rédige le programme. La question n'est donc pas éclaircie de savoir si, dans ces circonstances émouvantes, il a été acteur ou pour mieux dire partie dirigeante. Jusqu'ici, ce que nous savons autorise à la résoudre négativement. Le rôle du jeune prince n'aurait été que celui d'un témoin et d'un témoin dépourvu d'influence.

Ce qui confirme cette supposition, c'est sa conduite envers ses beaux-frères, les princes Sixte et Xavier de Bourbon-Parme. Dès l'ouverture des hostilités, ils ont quitté l'Autriche et multiplié les démarches pour se faire admettre dans les armées de la Triple-Entente. Loin de les blâmer, l'archiduc héritier les défend contre les membres de la famille impériale qui les attaquent :

— Ils sont bien libres de faire ce qui leur plaît, dit-il.

Il est remarquable que son sentiment est aussi celui de François-Joseph. Lorsque les deux princes font au souverain leur obligatoire visite d'adieu, celui-ci leur dit :

— Faites votre devoir.

Réponse inattendue et déconcertante, si l'on songe qu'au même moment, le vieux souverain assume délibérément ou se laisse imposer la responsabilité de la guerre et ne craint pas de se faire le complice de ceux qui l'ont déchaînée.

Ce n'est pas, du reste, la seule contradiction que nous présente son attitude en ces heures critiques. Un matin, l'un des fils du comte d'Eu, le prince Antoine, qui sert depuis treize ans comme officier dans l'armée autrichienne, obtient d'être reçu par Sa Majesté.

— Sire, lui dit-il, je suis Français ; je ne peux porter les armes contre ma patrie ; je me dois à elle et je supplie l'empereur de me relever de mon serment de fidélité.

— C'est fait, déclare François-Joseph ; je vous approuve.

Dans sa bouche le mot est troublant. Mais il a été dit comme si, dans la conscience de ce vieillard couronné, le gentilhomme tenant à honneur de se montrer chevaleresque parlait plus haut que le souverain qui ne recule pas devant un crime.

Ainsi, pour lui comme pour l'archiduc-héritier, se pose un point d'interrogation auquel il n'a pas été et ne sera peut-être jamais répondu.

C'est la même incertitude que pour François-Ferdinand sur qui un jugement définitif sera impossible tant que ne sera pas dissipé, s'il doit l'être quelque jour, le mystère dont se sont entourés, jusqu'à la déclaration de guerre, les ministres austro-hongrois. Pour y parvenir, un immense effort est fait à l'heure où nous écrivons. L'écrivain anglais Henry Wickham Steed, que nous avons cité plus haut, figure parmi ceux qui se consacrent avec le plus de suite à cette tâche. C'est ainsi qu'à lire une étude qu'il publiait naguère dans un grand périodique anglais [1], il croirait tenir la preuve que, plusieurs semaines avant de mourir, l'archiduc François-Ferdinand s'était fait le complice, sinon du complot anti-serbe qui s'ourdissait au Ballplatz, du moins d'un projet qui devait nécessairement déchaîner une conflagration générale. Le pacte se serait conclu entre lui et Guillaume II lorsque celui-ci était allé le voir à Konopischt au mois de juin 1914 :

1. *The Nineteenth Century and After*, livraison du 1er février : *Le pacte de Konopischt.*

« Le rêve de Guillaume II avait toujours été d'étendre l'empire d'Allemagne jusqu'à l'Adriatique et de faire entrer les provinces allemandes de l'Autriche dans son empire... A Konopischt, il ouvrit un magnifique horizon à l'archiduc François-Ferdinand et développa devant lui un plan grandiose, qui devait bientôt placer ses fils Maximilien et Ernest à la tête de deux importants royaumes en Orient et dans l'Europe centrale. La conception était vaste mais néanmoins elle ne paraissait pas irréalisable. On provoquerait la Russie à une guerre pour laquelle l'Allemagne et l'Autriche étaient prêtes. La France serait réduite à l'impuissance par quelques coups vigoureusement assénés. L'abstention de l'Angleterre était considérée comme certaine. »

A l'appui de cette thèse, M. H. Wickham Steed fournit un faisceau de preuves dont la multiplicité, à défaut de solidité pour chacune d'elles, ne laisse pas d'être troublante. Il rappelle et reproduit l'acte de renonciation signé par l'archiduc le jour de son mariage et relève toutes les intrigues fomentées dans la famille impériale pour empêcher que la duchesse de Hohenberg fût élevée au rang d'archiduchesse, — condition indispensable si elle voulait tourner l'obstacle édifié par la Pragmatique Sanction à son accession au trône des Habsbourg ; il note la passion de François-Ferdinand pour ses enfants, son dépit lorsque la naissance d'un fils de son neveu, Charles François-Joseph, barra le chemin de l'Empire aux princes de Hohenberg et la terreur que ressentait ce père prévoyant à l'idée qu'il pût mourir sans assurer à sa progéniture une situation digne de son rang ; il cite l'accord intervenu en 1907 entre l'empereur Guillaume et le roi Edouard VII pour reconnaître la duchesse de Hohenberg comme impératrice, si François-Ferdinand le désirait lors de son accession au trône ; il note la « conquête » de François-Ferdinand par l'empereur Guillaume au mois de novembre 1908, l'invitation de la duchesse de Hohenberg à Potsdam en 1909 et l'intérêt témoigné aux enfants de la victime par l'empereur dans son télégramme au lendemain de l'assassinat de Serajevo ; il examine toutes les circonstances qui indiquent la complicité des autorités austro-hongroises dans l'assassinat ; il rappelle l'approbation donnée par François-Joseph au prince Montenuovo, organisateur d'indignes funérailles et, comme explication à la conduite de l'empereur et de son maître des cérémonies, émet l'hypothèse qu'ils ont pu donner à François-Ferdinand les funérailles que méritait un traître ; il explique que l'archiduc malade, et sachant ses jours comptés, a pu avoir grande hâte d'assurer avant sa mort une grande situation à ses deux fils ; il reproduit enfin les paroles prononcées par l'empereur Guillaume à Kiel en apprenant la nouvelle de l'assassinat : « Maintenant il va falloir tout recommencer. »

Oui, tout cela est troublant. Mais est-il équitable

et historiquement acceptable de voir dans ces arguments autre chose qu'un procès de tendance? Avec une parfaite bonne foi, M. H. Wickham Steed lui-même, qui tient le récit du « Pacte de Konopischt » d'un exilé autrichien fort au courant des affaires de la Cour, n'ose s'en porter garant. Récit et commentaires dont il l'accompagne lui paraissent simplement « mériter un examen très attentif ». Il conclut que « l'avenir fera peut-être la lumière autour de ce problème obscur. Pour le moment on ne peut qu'enregistrer ce récit comme une hypothèse remarquable qui sert d'explication à bien des choses qu'on n'a pas pu expliquer jusqu'ici. »

Non plus qu'à M. Steed ces preuves nous paraissent suffisantes pour faire accepter comme définitivement exacte l'hypothèse d'une trahison de l'archiduc et les objections qu'on y pourrait faire sont aussi nombreuses que fondées. François-Ferdinand était, croyons-nous, trop ardemment patriote pour sacrifier son pays à son intérêt personnel, et, eût-il été tenté de se prêter à un si grave manquement à son devoir, ses scrupules religieux et ceux de sa femme l'auraient arrêté sur cette pente. Des dires dont il a été l'objet et qu'il y aurait lieu de vérifier, nous ne retiendrons qu'un seul, c'est que la cour de Vienne ayant eu connaissance de ce plan qui ne tendait à rien moins qu'à démembrer l'empire austro-hongrois et ayant paru y croire, elle aurait fait assassiner l'archiduc pour en empêcher la réalisation, en combinant toutes choses pour mettre le crime à la charge de la politique serbe. On reconnaîtra que des dénonciations de cette nature ne sauraient être acceptées que sous bénéfice d'un contrôle rigoureux [1]. Elles prouvent tout au moins que les griefs imputés à la Serbie par le gouvernement austro-hongrois sont considérés aujourd'hui comme dénués de tout fondement.

Par un juste retour de l'opinion publique, les accusations iniques qui ont déchaîné la guerre retombent sur les accusateurs.

1. Citons encore, pour mémoire, la version de M. Jules Chopin qui montre l'archiduc fomentant lui-même l'attentat des bombes pour se donner un prétexte d'intervenir en Serbie et, par une curieuse coïncidence, succombant le même jour sous des coups de revolver qu'il n'avait nullement préparés.

CHAPITRE VI

# PERFIDIES AUTRICHIENNES

Le lendemain du jour où l'assassinat de François-Ferdinand avait été connu à Vienne, le ministre de Serbie, M. Jovanovitch, dont l'énergie en ces circonstances égala l'activité, se présentait spontanément chez le comte Berchtold, et celui-ci étant absent, il était reçu par le baron Macchio. Il venait déclarer que son gouvernement réprouvait l'attentat de la manière la plus énergique et ne tolérerait sur son territoire aucune entreprise susceptible de nuire à ses relations avec l'Autriche-Hongrie. S'il était prouvé que les criminels avaient eu des complices en Serbie, ceux-ci seraient arrêtés et mis en jugement. Le cabinet de Belgrade s'efforçait depuis trop longtemps de rétablir sur des bases solides ses relations de bon voisinage avec l'Autriche-Hongrie pour qu'il pût être soupçonné de ne pas vouloir les maintenir et empêcher qu'il y fût porté atteinte.

Le baron Macchio prenait acte de ces déclarations qui devaient être communiquées au comte Bertchtold. Mais il ne prononçait pas une parole qui pût laisser espérer à son interlocuteur qu'il le tenait pour sincère, et la presse austro-hongroise, qui prenait ses inspirations au Ballplatz, continuait à accuser la Serbie d'avoir trempé dans le crime. Vainement le gouvernement serbe protestait, alléguait que le crime avait soulevé en Serbie la réprobation de toutes les classes sociales, car toutes avaient compris qu'il aurait la répercussion la plus défavorable sur les rapports des deux gouvernements : on paraissait ne pas l'entendre. Il rappelait cependant tout ce qu'il n'avait cessé de faire pour les améliorer et les rendre de plus en plus amicaux. Il ajoutait qu'il eût été de son intérêt que ce forfait fût évité. Lorsqu'on l'accusait d'en avoir favorisé les auteurs, on oubliait qu'il mettait tous ses soins à surveiller les anarchistes. S'il n'avait pu empêcher le dernier attentat, c'est que les auteurs étaient sujets autrichiens ; aussi n'admettait-il pas que la presse austro-hongroise l'attaquât et le rendît responsable d'une catastrophe qu'il n'avait pas été en son pouvoir de conjurer.

Quand ces arguments étaient développés devant les ministres impériaux, ils répondaient hypocritement qu'ils n'accusaient ni le gouvernement serbe ni tout le peuple serbe, mais seulement les conspirateurs qui entretenaient des projets de violence et travaillaient à leur réalisation. C'est sur ce ton et sous cette forme que nous verrons les entretiens se continuer, sans que le Ballplatz laisse deviner à quelles mesures il va recourir pour mettre un terme à la situation prétendue agressive que les journaux viennois dénoncent chaque jour avec tant d'amertume et d'acrimonie.

Parfois se trahit dans ces entretiens un effort pour tromper la Serbie en calmant ses alarmes. Le 30 juin, à Constantinople, le ministre serbe, se trouvant avec l'ambassadeur d'Autriche, lui exprime l'espoir que ce triste événement, quoi qu'on en dise dans certains milieux diplomatiques, ne nuira pas aux relations entre Vienne et Belgrade, considérablement améliorées dans ces derniers temps.

— Il ne faut pas avoir de crainte à ce sujet, répond l'ambassadeur. Les rapports de nos deux pays sont devenus bien meilleurs et il faut continuer dans cette voie. Mes derniers entretiens avec le comte Berchtold m'ont convaincu qu'il est content de l'attitude du gouvernement serbe et que, pour sa part, il désire sincèrement que les relations avec la Serbie deviennent de plus en plus amicales.

Quand on sait quelles étaient alors les véritables dispositions du Ballplatz à l'égard de ce petit pays, dont les récents succès militaires contrariaient ses intentions sur les Balkans et dont il jalousait les développements et les progrès, on est amené logiquement à mettre en doute la sincérité du diplomate autrichien, à moins toutefois qu'il n'eût été la dupe des mensonges du comte Berchtold, ce qui d'ailleurs est peu vraisemblable. On doit plutôt croire qu'il obéissait à un ordre de son gouvernement qui, pour déjouer les soupçons du cabinet de Belgrade et endormir ses craintes, s'était efforcé jusque-là, sans du reste y parvenir complètement, de lui dissimuler sa malveillance et d'introduire plus de cordialité et des procédés plus équitables dans les rapports entre les deux États.

Cette malveillance affectait les formes les plus diverses. C'était d'abord, comme on vient de le voir, la campagne déloyale de la presse viennoise, qui suscitait les véhémentes répliques de la presse serbe, qu'on accusait ensuite d'être provocatrice, alors que la Serbie était si visiblement provoquée, et d'une manière ininterrompue. Dans ces répliques, les publicistes autrichiens choisissaient à dessein les expressions les plus fortes et les servaient à leurs lecteurs comme une preuve de la violence serbe, en négligeant de leur dire que c'est à Vienne qu'il fallait chercher l'origine et la cause de ces polémiques et qu'en fait les journaux serbes ne faisaient qu'exercer le droit de légitime défense.

D'autre part, alors que l'instruction judiciaire qu'exigeait l'événement était à peine commencée et n'avait pas encore donné de résultats, les feuilles viennoises publiaient des détails sur les prétendues découvertes opérées par la justice, desquelles il résultait que le complot avait été ourdi à Belgrade. Pour donner plus de force à ces calomnies, on y ajoutait, de jour en jour, tout un stock de fausses nouvelles. Un matin, on racontait qu'à Belgrade plusieurs sujets autrichiens, correspondants de journaux, avaient été assassinés, des fonctionnaires austro-hongrois brutalement menacés et la légation d'Autriche attaquée à l'improviste par une foule que la police avait eu beaucoup de mal à contenir. Ces nouvelles étaient de pure invention, mais le gros public y ajoutait foi ; et il était aisé de deviner qu'elles n'étaient répandues que pour émouvoir et aigrir, contre la Serbie, la nation austro-hongroise.

Dès ce moment apparaissait dans cette campagne calomnieuse la complicité de l'Allemagne, car tandis qu'à Berlin on laissait encore dire qu'on n'approuvait pas la politique viennoise contre la Serbie, à Vienne, l'ambassadeur allemand von Tschirschky s'en faisait ouvertement le défenseur et l'avocat. Ses visites quotidiennes au Ballplatz, même quand il tâchait de les dissimuler, ne l'étaient pas assez pour qu'on ne le soupçonnât pas d'avoir la main dans ce qui se préparait contre la Serbie, car quelque chose se préparait, ce n'était pas douteux, bien que le gouvernement austro-hongrois parût décidé « à ne rien communiquer à personne ».

Malgré les cachotteries dont il enveloppait ses délibérations, certains propos significatifs s'en échappaient qui autorisaient toutes les craintes conçues à Belgrade et qui maintenant avaient des échos à Londres et à Rome, à Saint-Pétersbourg et à Paris. Le ministre de Serbie en Angleterre mandait à son gouvernement que l'ambassadeur d'Autriche-Hongrie travaillait activement à exciter la presse anglaise, et à la gagner à l'idée que la monarchie austro-hongroise « devait donner une bonne leçon » à Belgrade. Il en était de même à Rome où certaines démarches du cabinet de Vienne obligeaient le ministre italien, marquis de San Giuliano, à répéter à l'allié austro-hongrois ce qu'il lui avait dit l'année précédente en réponse aux propositions faites à M. Giolitti, et à lui déclarer que son gouvernement tenait au maintien de l'indépendance serbe :

— Une démarche de l'Autriche-Hongrie contre la Serbie, ne lui témoignant pas les égards dus par une nation à une nation, rencontrerait la réprobation publique en Italie.

Ces propos, dans la bouche du ministre de l'un des États de la Triple-Alliance, étaient graves et ils auraient dû, semble-t-il, arrêter le cabinet de Vienne sur la voie où il s'engageait, puisqu'ils démontraient que les trois alliés avaient cessé d'être d'accord. Mais il était résolu à n'en tenir aucun compte. Si l'Italie refusait de marcher, on se passerait d'elle et on se contenterait de sa neutralité. On n'avait pas besoin de mieux puisque restait l'Allemagne qui, elle, ne déserterait pas la Triplice ; et puis on était convaincu que le conflit serait localisé entre l'Autriche et la Serbie. Les hommes d'État du Ballplatz, prenant leurs illusions pour des réalités et dupes de leur imprévoyance accoutumée, se complaisaient dans la pensée que la Russie et la France n'étaient pas en état d'intervenir. M. Dumaine, notre ambassadeur en Autriche, écrivait : « Certains organes de la presse viennoise, discutant l'organisation militaire de la France et de la Russie, présentent ces deux pays comme hors d'état de dire leur mot dans les affaires européennes, ce qui assurerait à la monarchie dualiste d'appréciables facilités pour soumettre la Serbie au régime qu'il lui plairait de lui imposer. »

Les informations qui arrivaient au gouvernement français s'accordaient dans le même sens et présentaient l'Autriche-Hongrie comme résolue à ne pas se contenter de l'enquête à laquelle se livrait le gouvernement serbe et à exiger qu'elle fût faite par elle-même. Le Ballplatz, loin de démentir ces rumeurs, en favorisait la propagation. Il laissait dire que ses exigences seraient signifiées au cabinet de Belgrade en des conditions intolérables pour la dignité de la Serbie et qui l'obligeraient à y résister, ce qui ouvrirait la voie à une exécution militaire immédiate. Quoique ces bruits d'un caractère si menaçant ne se répandissent qu'à travers beaucoup d'autres aussi confus que contradictoires, ils n'en éveillaient pas moins dans toutes les chancelleries les plus vives inquiétudes.

Il est remarquable que jusqu'à ce moment, mi-juillet, elles s'étaient manifestées à Berlin sous une forme plus réservée et plus discrète que partout ailleurs. Le 3 de ce mois, le sous-secrétaire d'État de la Wilhelmstrasse, M. Zimmermann, s'entretenant de l'événement avec les représentants de la France et de la Russie, leur exprimait l'espoir « que la Serbie donnerait satisfaction aux demandes que l'Autriche pourrait avoir à lui adresser en vue de la recherche et de la poursuite des criminels » :

— J'ai confiance qu'il en sera ainsi, disait-il, parce que la Serbie, si elle agissait autrement, aurait contre elle l'opinion de tout le monde civilisé.

Dans la dépêche que le chargé d'affaires de France envoyait le même jour à son gouvernement, il tirait de ces propos cette conclusion que le cabinet de Berlin ne paraissait pas partager les inquiétudes qui se manifestaient de toutes parts ; mais avec une prudence qui fait honneur à sa perspicacité le diplomate français ajoutait : « Du moins il ne veut pas en avoir l'apparence. »

A Saint-Pétersbourg, qu'on fût rassuré ou non, on ne feignait pas de l'être. Le ministre des affaires étrangères de Russie, M. Sazonoff, causant avec le chargé d'affaires d'Autriche-Hongrie, lui signalait amicalement l'irritation que les attaques de la presse autrichienne contre la Serbie risquaient de produire dans les pays intéressés et lui en démontrait le péril. Sur la réponse qui lui était faite, laissant entendre que le gouvernement austro-hongrois serait peut-être obligé de rechercher sur le territoire serbe les instigateurs de l'attentat, il s'écriait :

— Aucun pays plus que la Russie n'a eu à souffrir des attentats préparés sur territoire étranger. Avons-nous jamais prétendu employer contre un pays quelconque les procédés dont vos journaux menacent la Serbie? Ne vous engagez pas dans cette voie.

Quelques jours plus tard, on pouvait croire que ce conseil était entendu. A Budapest, comme à Vienne, les journaux officieux, d'abord si violents, changeaient de ton et affectaient de déconseiller une démarche comminatoire. A la tribune du parlement hongrois, le comte Tisza, président du conseil, prononçait des paroles rassurantes et se faisait applaudir en déclarant qu'il fallait attendre avant tout le résultat de l'enquête judiciaire ouverte par le gouvernement serbe. Interrogé sur le point de savoir si le cabinet de Vienne donnerait suite au projet de démarche à Belgrade dont les journaux des deux mondes avaient retenti, il refusait de répondre et la Chambre devant laquelle il parlait approuvait son silence. Mais l'optimisme qui succédait dans les journaux gouvernementaux à l'attitude menaçante des premiers jours rencontrait beaucoup d'incrédules. On craignait que le cabinet de Vienne « ne préparât un coup ». Ce qui le faisait craindre c'est que des canons et des munitions étaient dirigés en masse vers la frontière serbe par l'état-major austro-hongrois. C'était déjà significatif et suffisant pour justifier les craintes. A peine apaisées, elles renaissaient au spectacle de la presse viennoise, rentrant à l'improviste en campagne et redevenant plus ardemment agressive qu'au lendemain du crime.

Elle jetait le masque sur l'ordre du Ballplatz qui jugeait que le moment était venu de dévoiler ses desseins. Elle osait prétendre que l'apaisement et la sécurité dans les Balkans « ne pouvait résulter que d'une guerre au couteau contre le panserbisme. » Au nom de l'humanité, elle réclamait « l'extermination de la maudite race serbe. » L'instant était encore favorable pour l'Autriche; la guerre ne pouvait plus être conjurée ; elle éclaterait maintenant ou plus tard. Mais, plus tard, les circonstances seraient moins propices que maintenant ; c'est donc maintenant qu'il fallait agir, alors que la Russie n'avait pas achevé la réorganisation de son armée ni complété son réseau de voies ferrées et que la France n'avait pas encore mis au point ses forces militaires. C'était avouer qu'on se flattait de l'espoir de ne pas aller au delà d'une opération localisée contre la Serbie. A Vienne, en effet, on ne voulait pas autre chose, tout au moins au Ballplatz. Mais à Berlin on envisageait des perspectives plus larges et il a été prouvé depuis qu'on y souhaitait une conflagration générale et que, dès ce moment, la Wilhelmstrasse s'attachait à la rendre inévitable.

Ce qui n'est pas moins certain, c'est qu'à la date du 20 juillet, la remise prochaine à la Serbie d'une mise en demeure n'était plus un secret pour personne. On en parlait publiquement. Un rapport consulaire envoyé de Vienne à Paris en indiquait sinon les termes du moins l'esprit. On exigerait beaucoup de la Serbie; on lui imposerait la dissolution de plusieurs sociétés de propagande; on la sommerait de réprimer le nationalisme, de surveiller la frontière en collaboration avec les commissaires autrichiens et de faire la police des écoles au point de vue de l'esprit anti-autrichien. Pour prévenir et rendre vaines les échappatoires par lesquelles la Serbie voudrait sans doute éviter une réponse claire et directe, on lui fixerait peut-être un bref délai avant l'expiration duquel elle devrait déclarer si elle acceptait oui ou non. On espérait que la teneur de la note et son allure impérative provoqueraient un refus, et alors on agirait militairement.

Cette information de notre diplomatie de Vienne était prophétique; elle reproduisait fidèlement les rumeurs qui circulaient dans toutes les capitales où, d'ailleurs, les représentants de l'Autriche et de l'Allemagne, loin de les démentir, les confirmaient; comme par exemple à Londres où l'ambassadeur germanique venait confier à Sir Edward Grey, secrétaire d'État pour les affaires étrangères, qu'à Berlin on s'attendait à une démarche du gouvernement autrichien :

— Nous nous employons à retenir et à modérer le cabinet de Vienne, avait déclaré hypocritement ce diplomate, mais nous n'y réussissons guère et je ne suis pas sans inquiétude sur les suites de la démarche autrichienne.

L'Allemagne préludait ainsi à la comédie qu'elle allait jouer en feignant d'ignorer la note qui était pour une large part l'œuvre de son ambassadeur à Vienne. Aujourd'hui que même les Allemands ne le contestent plus, on peut apprécier ce que valaient les protestations qu'ils opposaient aux questions des représentants de la Triple-Entente pour les convaincre de la sincérité des intentions pacificatrices du cabinet de Berlin. Il est vrai que dans les chancelleries personne n'y voulait croire, tant il était invraisemblable que le cabinet de Vienne n'eût pas consulté son allié avant de se lancer dans une aventure qui pouvait en somme conduire à une conflagration générale. Quelques jours plus tard, au lendemain de la remise de l'ultimatum, le secrétaire d'État, von Jagow, ayant déclaré dans une conversation avec M. Jules Cambon qu'il approuvait la démarche de l'Autriche et que l'Allemagne soutiendrait énergiquement son alliée, le diplomate français lui demandait s'il était exact, comme on le disait, que la Wilhelmstrasse n'eût pas connu les exigences de Vienne avant qu'elle fussent communiquées à Belgrade.

— C'est exact, affirmait le ministre allemand ; nous n'avons pas été consultés.

— Et vous vous êtes engagés à soutenir des prétentions dont vous ignoriez la limite et la portée ? Je m'en étonne.

Jagow se rebiffait devant ce témoignage d'incrédulité.

— C'est bien parce que nous causons entre nous que je vous laisse me dire cela ! Mais trouvez-vous donc la situation si grave?

— Assurément, et si tout ce qui se passe a été réfléchi, je ne comprends pas qu'on ait coupé les ponts derrière soi.

Le mot était particulièrement juste au moment où il fut prononcé, l'ultimatum ayant été signifié la veille à la Serbie. Mais, avant qu'il ne lui eût été adressé, les ponts n'étaient pas coupés et l'action pacificatrice des puissances sur le cabinet de Vienne aurait pu s'exercer utilement si le cabinet de Berlin n'eût travaillé à saper à leur base toutes les chances d'apaisement et d'accord, et si son ambassadeur à Vienne, dans le rôle dont il s'était chargé et qu'on a justement qualifié de démoniaque, n'avait trouvé, pour faciliter sa tâche, la complicité savamment calculée du comte Tisza, du baron Burian et du comte Forgasch, complicité de vieille date, dans laquelle le caractère toujours hésitant et irrésolu du comte Berchtold avait permis de l'englober presque à son insu. C'est ainsi que, devant l'histoire comme devant les contemporains, il portera la responsabilité d'une guerre dont, au début de la crise et comme nous avons essayé de le démontrer dans la première partie de cette étude, il n'a pas entrevu les effroyables conséquences.

Sans doute, la haine de la Serbie est commune à

tous ces grands criminels ; ce petit État a grandi trop vite à leur gré et, n'ayant pu arrêter sa croissance, ils ont résolu de l'écraser. Mais tandis que Tisza, Burian et Forgasch, passionnément germanisés, poussent cette haine jusqu'à seconder, pour l'assouvir, toutes les perfidies de l'Allemagne, dont les plans sont autrement vastes, Berchtold croit que le projet de destruction de la Serbie pourra s'exécuter par une action foudroyante et isolée, avant que la Russie et la France aient eu le temps d'intervenir et que l'Allemagne ait trouvé un prétexte pour se jeter dans le conflit au risque de le généraliser. Mais il recule sans cesse l'exécution ; il la recule jusqu'au moment où, après l'assassinat de l'archiduc-héritier, elle est réclamée impérieusement par l'armée, et où l'opinion en Autriche, quelque inerte qu'elle soit, subit l'influence de la presse et commence à crier vengeance. S'il croyait à une conflagration générale, il hésiterait peut-être à attaquer la Serbie ; mais il n'y croit pas, et dans toutes ses paroles se traduit la conviction qu'ainsi qu'il l'affirme, le conflit sera localisé.

Ses complices, quoique professant une opinion différente, feignent d'être d'accord avec lui, tandis qu'en réalité ils veulent rendre inévitable la guerre austro-serbe, non seulement dans l'intérêt de l'Autriche-Hongrie, tel que le comprend Berchtold, mais encore pour en tirer au profit de l'Allemagne un motif avouable d'y entrer à l'heure qu'elle jugera la plus favorable à ses desseins. Pour les encourager dans cette voie, ils ont à côté d'eux l'ambassadeur allemand von Tschirschky ; il les pousse en avant avec une ténacité qui lui vaudra, quoique personnage de second plan, d'être un des plus gravement compromis dans la préparation de la guerre.

Depuis longtemps, les ambassadeurs de la Triple-Entente, MM. Dumaine, de Bunsen et Schébéko, avaient dû renoncer à entretenir avec lui des relations suivies, tant ils étaient froissés par sa suffisance et par ses prétentions à une valeur supérieure qu'il devait, à l'en croire, à ses anciennes fonctions de secrétaire d'État et aux connaissances qu'il avait acquises au cours de sa carrière. Quoique se manifestant sous les dehors d'une courtoisie affectée, son arrogance vaniteuse n'en était pas moins déplaisante et presque offensante pour ceux qui en étaient l'objet.

D'un esprit étroit et autoritaire, il ne cessait de peser lourdement sur toutes les décisions du ministère austro-hongrois, sans rencontrer jamais aucune résistance. C'est aussitôt après le drame de Serajevo qu'il entre en scène, et non sans bruit. Au Ballplatz et ailleurs, il s'affiche comme un ardent serbophobe et prononce des paroles d'autant plus inattendues et extraordinaires qu'on doit le supposer désintéressé dans la question. Il déclare qu'on ne s'entendra avec les gens de Belgrade qu'après les avoir réduits à l'impuissance. Telle est sa thèse favorite et c'est parce qu'il ne cesse de la proclamer qu'il prend pied au Ballplatz où il n'est pas douteux que son influence s'est exercée d'une manière plus active au moment de la confection de l'ultimatum, à laquelle il prend en effet une part effective. Si c'est Forgasch qui tient la plume, ayant à ses côtés Tisza et Burian, c'est Tschirschky qui suggère à plusieurs reprises les mots les plus blessants et qui verse dans ce document assez de virus prussien pour l'envenimer jusqu'à le rendre inacceptable, car l'espoir de ce brillant quatuor de rédacteurs est que la Serbie ne l'acceptera pas. Tout y est rédigé, en effet, pour la contraindre à le repousser comme une provocation à laquelle sa dignité lui commandera de ne pas se soumettre. Cet espoir est si bien celui du Ballplatz, à l'exception toutefois de Berchtold laissé en dehors du complot, car c'est vraiment un complot, qu'après l'envoi de l'ultimatum et avant qu'on ait reçu la réponse de la Serbie, un publiciste familier de l'ambassade d'Allemagne confiera à un ambassadeur de la Triple Entente qu'on redoute que le cabinet de Belgrade ne se soumette, car alors on ne trouverait plus prétexte à la rupture.

Au cours de ces agitations, les ambassadeurs de la Triple-Entente ne renonçaient pas à conjurer le conflit ; tous les trois, d'accord avec leurs gouvernements, souhaitaient avec passion le maintien de la paix et multipliaient leurs démarches avec une persévérance digne d'un meilleur sort. Telle sera leur attitude jusqu'au moment de la déclaration de guerre.

Elle leur était commandée par leurs instructions comme aussi par les convenances personnelles de certains d'entre eux et tous les jours, en conférant ensemble, ils étudiaient les moyens auxquels il était encore possible de recourir pour éviter la catastrophe qui d'heure en heure devenait plus imminente.

— Je n'aurais garde, disait l'un d'eux, de laisser soupçonner au Ballplatz jusqu'à quel point nous sommes disposés à pousser l'esprit de conciliation parce qu'il en abuserait.

A ce moment, le cabinet de Vienne ne dissimulait plus que le cabinet de Belgrade allait être l'objet d'une sommation énergique ; mais en même temps, il s'attachait à faire croire que ce document ne contiendrait rien d'inacceptable et témoignerait même des dispositions bienveillantes du gouvernement austro-hongrois pour le gouvernement serbe. Il le disait et le faisait répéter par ses représentants dans toutes les chancelleries ; le baron Macchio en donnait encore l'assurance aux ambassadeurs le 23 juillet, en même temps qu'il leur cachait que cet ultimatum dont ils ignoraient les termes était en route pour Belgrade, et qu'en conséquence, il n'était plus possible d'en modifier la teneur et d'en adoucir les exigences.

Peut-être s'étonnera-t-on de ne pas voir apparaître, dans ce déchaînement de machinations et d'intrigues revêtant toutes les formes de la perfidie la plus éhontée, l'empereur François-Joseph, et qu'il ait laissé le champ libre aux instigateurs de cette campagne dont la paix du monde était l'enjeu. Il n'y figure, en effet, à aucun moment ; il était reparti pour Ischl, et au Ballplatz, le complot s'ourdissait sans son consentement ou tout au moins sans que son approbation, pas plus d'ailleurs que celle du prince-héritier, eût été sollicitée. C'est seulement le 18 juillet, alors que la mine était déjà chargée et prête à éclater, que le comte Berchtold quittait Vienne pour aller en annoncer à l'empereur l'explosion prochaine, lui soumettre les moyens à l'aide desquels on l'avait préparée et solliciter son assentiment.

Dans les grands événements historiques, il y a toujours eu et il y a toujours des secrets destinés à rester impénétrables ; c'est ce qu'on a appelé les détails perdus pour l'histoire. Ce qui s'est passé à Ischl entre l'empereur et le comte Berchtold, durant le séjour qu'y fit celui-ci du 18 au 22 juillet, constitue un secret de ce genre qui sans doute ne sera jamais dévoilé. Le ministre impérial était parti bien et dûment stylé par les complices dont il était le jouet et chargé d'arguments propres à convaincre l'empereur que l'envoi d'un ultimatum resterait affaire entre Vienne et Belgrade et ne pouvait compromettre la paix de l'Europe. Nous avons dit que c'était sa conviction et il en faut conclure qu'il n'eut aucune peine à la faire partager à son souverain. La version d'après laquelle il lui aurait soumis un texte très adouci, par rapport à celui qui devait être envoyé à Belgrade, semble donc devoir être écartée. Au surplus, on doit supposer que François-Joseph ne se laissa pas persuader du premier coup, puisque le comte Berchtold passa quatre jours auprès de lui. On ignorait encore quelles étaient les intentions de Saint-Pétersbourg et le comte Berchtold put affirmer, sans crainte d'être démenti, que le gouvernement russe répugnait à l'idée d'une entrée en campagne et limiterait au minimum l'appui qu'on attendait de lui à Belgrade. Peut-être savait-il que M. Jovanovitch, au sortir d'une conférence avec M. Schébéko, avait avoué qu'il désespérait du concours de la Russie.

Quoi qu'il en soit de ces suppositions, le seul fait à retenir c'est que, lorsque le 23, le comte Berchtold rentrait au Ballplatz, il rapportait l'approbation de l'empereur. A ce moment encore, l'ambassadeur d'Italie, duc d'Avarna, quoique représentant un gouvernement faisant partie de la Triple-Alliance, n'en savait pas plus sur l'ultimatum que ses collègues de la Triple-Entente ; personne ne lui en avait parlé ou tout au moins ne lui en avait annoncé l'envoi prochain. On usa du même procédé vis-à-vis des ambassadeurs de France et de Russie, et si celui d'Angleterre fut informé quelques heures avant eux, c'est que le comte Forgasch, dans un entretien amical, s'était laissé aller à lui dire que le document était remis au destinataire au moment même où ils s'en entretenaient. Comme devait le faire remarquer le lendemain à von Jagow M. Jules Cambon, « les ponts étaient coupés ». Ils l'étaient sous l'influence de l'Allemagne dont il faut maintenant serrer de plus près les manœuvres déloyales.

---

CHAPITRE VII

# GUILLAUME II, SON CARACTÈRE ET SA POLITIQUE

Bien qu'il soit monté sur le trône au mois de juin 1888, Guillaume II n'a commencé à gouverner par lui-même et à donner toute sa mesure qu'à partir du mois de mars 1890. C'est seulement à cette époque qu'il s'est affranchi de la lourde tutelle de Bismarck et que, comme le disait amèrement celui-ci, il a été le seul maître, résolu à faire prévaloir désormais sa volonté souveraine « avec son propre génie, dans sa seule gloire ».

Durant les deux années qui se sont écoulées après son avènement, cette volonté n'est apparue qu'à de rares intervalles et sans améliorer l'opinion que la conduite de Guillaume, lorsqu'il n'était que kronprinz, et son attitude envers ses parents avaient donnée de lui. Ses voyages en Russie, en Autriche, dans les pays scandinaves, à Rome, ne lui avaient pas porté bonheur, et les incidents en étaient commentés avec amertume par un grand nombre de ses sujets. Ils se demandaient s'il allait être sur le trône tel qu'ils l'avaient vu avant qu'il ne régnât.

Fréquemment alors, il les avait scandalisés par une vie de débauche, qui s'accordait mal avec ses devoirs de prince et d'époux. Lorsqu'on parlait de lui, c'était pour déplorer les turpitudes de sa vie privée. On les racontait sous le manteau ; personne à la cour de Berlin ne les ignorait ; on accusait son compagnon de plaisirs, le comte Herbert de Bismarck, fils du chancelier, d'en être l'instigateur et le complice. On constatait avec inquiétude que le jeune prince semblait dédaigner les joies domestiques qu'il aurait pu trouver à son foyer. On allait jusqu'à prétendre qu'un jour, dans un accès de désespoir conjugal, sa femme, en dépit de sa dévotion, avait tenté de se suicider. A en croire les propos de ses dames d'honneur, elle avait essayé de se pendre ; elle était à moitié asphyxiée quand on avait pu la secourir et c'est à grand'peine qu'on l'avait sauvée.

Ce lointain souvenir permet de se rendre compte de ce que l'on pensait du prince Guillaume au moment où la mort de son père Frédéric III faisait passer la couronne sur sa tête. Il devait en être ainsi jusqu'au commencement de 1889. C'est alors seulement que le trépas tragique de son ami l'archiduc Rodolph d'Autriche vient le métarmophoser et, en lui montrant jusqu'où peut aboutir l'inconduite, le ramène à ses devoirs méconnus et oubliés. Mais les effets de cette métamorphose n'apparaissent nettement qu'après la chute de Bismarck.

Dès ce moment, Guillaume II est un autre homme:

il a jeté sa gourme, et il est de toute équité de dater de cette époque l'opinion définitive qu'on peut se faire de lui et les jugements qui la justifient. Affranchi de l'influence de Bismarck, Guillaume II ne prétend pas encore à la déification ; mais il passe pour autoritaire, il est très dur envers sa famille et son entourage, impulsif, agité, déconcertant, et, d'autre part, très intelligent, causeur brillant et souvent spirituel, laborieux par accès et toujours désireux d'impressionner profondément ses auditeurs. Son cabotinage a diverti l'univers avant que son orgueil l'effrayât. On se rappelle ses exploits en ce genre : il a écrit des cantates, crayonné des dessins, prononcé du haut de la chaire des allocutions évangéliques, inspiré et morigéné les artistes, les comédiens, les orateurs sacrés, convaincu que dans tous ces rôles il est un modèle et un exemple. On l'a vu aussi parler aux soldats de terre et de mer non comme le ferait un chef militaire, mais comme l'aurait fait un pasteur et leur tenir un langage biblique ; on sait d'ailleurs, qu'en sa qualité d'élu de Dieu, — c'est ainsi qu'il se désigne lui-même, — il se croit apte à toutes les professions. Naguère encore, se trouvant dans une réunion d'aumôniers protestants, il leur adressa une harangue où le pédantisme le dispute à l'hypocrisie, et en laquelle il leur traça les devoirs que, selon lui, ils ont à remplir.

Quand on l'entend pérorer de la sorte et quand on compare ses paroles, que parfois ses auditeurs trouvent ridicules, aux infamies et aux atrocités qu'il a ordonnées ou autorisées depuis les débuts de la guerre, on est entraîné à se demander si l'on a affaire à un fourbe dissimulant ses scélératesses sous des phrases hypocrites ou à un fou en qui la démence a éteint la mémoire et qui, à l'heure où il s'abandonne à des improvisations pieuses, a perdu le souvenir de ce qu'il a dit ou fait antérieurement. Mais parmi les neutres impartiaux et désintéressés, quiconque l'a approché ou l'a étudié dans ses paroles et dans ses actes, depuis qu'il a paru sur la scène du monde, reste convaincu qu'il est un monstre au véritable sens du mot, c'est-à-dire un être exceptionnel, taillé pour le mal, inconscient peut-être, mais assurément malfaisant, monstre d'orgueil, monstre d'hypocrisie, monstre de duplicité, monstre de dissimulation en qui la démence se mêle de si près à la fourberie et au mensonge que ceux qui cherchent à sonder les sources de ses actions ne parviennent pas toujours à discerner à quelle minute il est fou et à quelle minute il est volontairement diabolique.

Mais à multiplier les recherches à travers son existence impériale, à le suivre en tant de circonstances où, bien avant la guerre actuelle, son impulsivité maladive mit la paix du monde en péril, et à se souvenir des innombrables épisodes où l'on voit se trahir en sa personne le déchaînement des vices héréditaires et s'exercer l'influence des tares ancestrales, on en arrive à tenir pour certain que ce qui domine surtout en lui, c'est la folie.

Telle était l'opinion de son oncle, le roi Édouard VII, qui le connaissait depuis son enfance et qui a dit maintes fois en parlant de lui :

— C'est un fou et, dans sa famille, il n'est pas le premier.

Ce fut aussi l'opinion de Bismarck. Mais il la dissimula tant qu'il crut à la possibilité de le dominer en conservant le pouvoir. Au moment de sa disgrâce, il ne se contint plus. On l'entendit dire :

— Que va-t-il arriver maintenant et ne peut-on craindre que cet insensé ne détruise, par ses extravagances, le dévouement du peuple à la dynastie?

Trois ans plus tard, il s'exprimait plus brutalement :

— Depuis que je ne suis plus là, ce malheureux n'a fait que des sottises.

En 1888, Guillaume II étant à Rome alla voir Léon XIII. Après avoir causé avec lui, ce grand pape déclara dans son entourage que « ce jeune homme était opiniâtre et vain et qu'il était à craindre que son règne ne se terminât dans des désastres ».

Vers la même époque, Holstein, chef du bureau de la presse à la Wilhelmstrasse, qui avait été le confident et l'instrument de Bismarck, confiait à un diplomate de qui je tiens le propos :

— Cet empereur est une menace pour l'unité allemande. C'est un fou qui perdra l'empire.

Ainsi, dès ce moment, l'idée de folie hantait la plupart des personnages bien placés pour juger de la mentalité du jeune souverain. « C'est un fou » devint, dans les chancelleries, une expression usuelle.

En 1897, le prince de Hohenlohe écrivant à un ami reconnaissait « que le tempérament impulsif de l'Empereur n'était pas fait pour tranquilliser les esprits et qu'on pourrait lui souhaiter un peu plus de flegme. »

Peu de temps avant la guerre, lorsqu'après s'être durant si longtemps déclaré, malgré ses incartades à Kiel, à Tanger, à Agadir, le champion de la paix, il commençait à laisser entendre que le conflit était devenu inévitable, il envoya un homme de confiance au roi Carol de Roumanie, dont il appréciait les avis, pour le consulter sur l'opportunité d'une prise d'armes contre la France et la Russie.

— Il songe à la guerre ! s'écria le vieux souverain, il est donc fou ! Je me garderai bien de lui donner un avis. Au surplus, je n'en vois qu'un à lui donner. Qu'il se couche et prenne une potion calmante.

Ces souvenirs pourraient être multipliés, propres à démontrer la folie et, assurément, lorsqu'on l'entend parler en prédicateur ou, comme dans ses allocutions emphatiques à sa garde, mentir effrontément une fois de plus, en déclarant, au mépris de la vérité qui l'écrase, que c'est les Alliés qui ont voulu la guerre et que « c'est eux qui doivent boire le vin, parce que c'est eux qui l'ont tiré », il semble bien qu'on soit en présence d'un fou. Fou, c'est possible ; il n'est pas Hohenzollern pour rien. Mais, presque toujours, les fous sont dangereux et malfaisants. Et chez celui-ci, il y a un bourreau, « un bourreau de sang », comme disait Bismarck en 1870, en parlant d'un général prussien qu'il accusait de faire tuer trop de monde.

Son orgueil, son incommensurable orgueil est aussi une des formes de sa folie. S'il n'était si haut placé, on pourrait dire de lui qu'il est atteint du délire des grandeurs. Récemment, une personne qui a vécu en relation avec sa cour durant les premières années de son règne évoquait son souvenir et le représentait debout devant une carte de géographie montrant du doigt aux courtisans groupés autour de lui les territoires qu'il convoitait et qui, à l'en croire, devaient appartenir un jour à l'Allemagne par la grâce des Hohenzollern. Il semble bien que cette image suggestive symbolise, dans un cadre de vérité, sa nature orgueilleuse et envieuse.

Resterait à expliquer par quelle aberration cet homme, qui par des moyens pacifiques eût très probablement réalisé son rêve d'hégémonie, a brutalisé le Destin et tenté la Fortune sur un coup de dés. On a parlé de déboires. Une détente qu'il souhaitait d'amener dans les rapports avec la France l'eût comblé d'aise, non pas seulement comme un acquiescement définitif au traité de Francfort, mais comme une preuve éclatante de sa puissance de séduction. Mais cette satisfaction lui a manqué. Du reste, en la recherchant, il a donné la preuve de son manque de clairvoyance. Il n'a pas compris qu'entre la France et l'Allemagne, la question d'Alsace-Lorraine créait un obstacle infranchissable et que nous ne renoncerions jamais à rentrer en possession de nos provinces perdues. Ses illusions à cet égard ont cependant un semblant d'excuse. Il avait vu l'Autriche oublier l'humiliante défaite de Sadowa, oublier les procédés abominables employés par Bismarck, à l'aide desquels le chancelier, dont nous reproduisons ici les expressions, « l'avait flanquée à la porte de l'Allemagne », et se rapprocher du gouvernement qui s'était fait l'artisan de son malheur. A la lumière de ce souvenir, Guillaume se leurrait de l'espoir que la France ne se montrerait pas plus difficile que l'Autriche et qu'elle aussi accepterait le fait accompli. Trompé dans ses prévisions et blessé dans son orgueil, il s'est aigri. Sans plus de mesure qu'il n'en mettait dans ses efforts d'amabilité, il a recouru aux procédés violents. Ses premiers coups de tête dans les affaires africaines précisent le moment où n'ayant pas réussi à plaire, il a résolu de se faire craindre.

En 1904, au moment où venait de se conclure l'entente anglo-française relative au Maroc, le comte de Bülow, chancelier d'Allemagne, eut à se défendre devant le Reichstag. Au nom d'une importante minorité, plusieurs orateurs lui reprochaient d'avoir, par sa politique, condamné l'Allemagne à l'isolement. A les en croire, la nouvelle des accords survenus entre l'Angleterre et la France avait été accueillie dans l'empire « avec un sentiment de confusion et de découragement ». Le gouvernement impérial, déclaraient-ils, n'aurait pas dû souffrir que d'autres puissances s'assurassent au Maroc une plus grande influence que l'Allemagne. Le chancelier répliqua vivement qu'il se refusait à voir dans les arrangements que critiquaient les interpellateurs une menace contre l'empire ou une atteinte à ses intérêts commerciaux.

Un tel langage ne pouvait qu'être bien vu à Paris et à Londres. Mais en le faisant connaître à son gouvernement, l'ambassadeur de France à Berlin — c'était alors M. Bihourd — observait que l'on ne devait pas s'attacher trop strictement aux déclarations du chancelier si l'on voulait rechercher l'orientation de la politique allemande au Maroc. « J'incline à penser, écrivait-il, que, dès son retour, l'Empereur imprimera à sa politique plus d'activité et de hardiesse. Il y sera poussé par son caractère, par le désir de montrer que l'Allemagne n'est ni isolée ni désarmée. » Rien de plus vrai. Depuis un certain temps déjà, Guillaume II était résolu à devenir le maître au Maroc.

Le désir de posséder des colonies n'a pris naissance en Allemagne que tardivement. Jusqu'à la chute de Bismarck, on n'en trouve que peu de traces dans l'histoire de l'empire. Bismarck, lui-même, ne semble pas l'avoir conçu, et si l'on peut établir à la rigueur qu'il en a eu accidentellement l'esprit préoccupé, il est plus aisé de démontrer qu'il l'a toujours écarté de propos délibéré, jusqu'en 1882, où il se laissa forcer la main par les réclamations du grand commerce allemand et se prêta, non sans d'expresses réserves, au mouvement qui aboutit pour l'Allemagne à la possession du Cameroun et du Togo. En 1880, il disait au prince de Hohenlohe, qu'il ne voulait pas « entendre parler de colonies ». A son avis, elles n'eussent été qu'un embarras pour l'Allemagne qui n'avait pas de flotte de guerre et dont la bureaucratie était d'ailleurs trop inexpérimentée pour s'exercer efficacement sur ce terrain.

Qu'on ne croie pas que ce fût là une simple boutade ou une opinion improvisée. En 1879, au Congrès de Berlin, n'avait-il pas poussé la France à porter ses ambitions sur la Tunisie? Un peu plus tard, n'est-ce pas vers le Maroc qu'il s'était appliqué à lui ouvrir des perspectives? Ne se flattait-il pas alors que, si elles se réalisaient, la France reconnaissante de la latitude qui lui aurait été laissée sur le sol africain se considérerait comme dédommagée de la perte de l'Alsace et de la Lorraine ?

Tel était son état d'âme lorsque la disgrâce impériale tomba sur lui comme la foudre et le contraignit à quitter le pouvoir. C'était, on s'en souvient, en 1890. Le jeune empereur, que jusqu'à ce jour le chancelier avait considéré comme son élève et sur qui il croyait son influence à jamais assurée, venait de prouver par cet acte inattendu qu'il était las de subir le joug et qu'il entendait désormais gouverner seul. Il ne renonçait pas cependant à suivre la ligne politique dont son précepteur lui avait montré les avantages. Il y est effectivement demeuré fidèle, sauf sur un point, c'est-à-dire sur l'utilité que pourrait avoir pour l'Allemagne la possession d'un empire colonial. En posséder un où il pourrait verser chaque année le trop plein de la population allemande a été, dès son avènement, le but de ses ambitions.

Cependant, comme pour fonder, conserver et développer un empire colonial, il faut, ainsi que l'avait dit Bismarck, une flotte de guerre, c'est à en créer une que le kaiser s'appliqua avec ténacité. Il professait cette doctrine que, depuis que la domination en Allemagne, échappant aux mains de l'Autriche, avait passé de Vienne à Berlin, des colonies étaient devenues la condition essentielle de la prospérité nationale et la suite logique de l'unité germanique proclamée à Versailles au profit de la Prusse en janvier 1871.

Il s'en fallait, toutefois, que son opinion trouvât un écho dans toutes les parties de l'Allemagne. Dans le gouvernement même, elle rencontrait une vive opposition. On ne se gênait pas pour dire, là et ailleurs, que « la marine était un caprice du souverain ». Mais il n'en tenait pas moins à l'exécution de ses projets, et bientôt du reste les événements lui apportèrent un appui. De plus en plus, sous l'influence de la politique protectionniste à laquelle Bismarck avait été contraint par des nécessités financières, l'industrie allemande prenait « un élan colossal ». Dès lors s'imposait le soin d'une flotte de guerre qui pût frayer à l'Allemagne les voies commerciales. Le kaiser ne songeait pas encore à rivaliser au point de vue maritime avec l'Angleterre. Mais il voulait acquérir sur les mers assez de puissance pour empêcher au besoin le blocus des ports allemands et pour étendre peu à peu sa domination sur tous les points du monde. Quand on aurait la flotte, les colonies ne se feraient pas attendre.

Le prix qu'il attachait à la réalisation de ses espérances apparaît déjà dans une dépêche que, le 5 janvier 1898, il adressait à son chancelier, le prince de Hohenlohe, au cours d'un congé qu'avait pris cet homme d'État au lendemain de la mort de sa femme. A cette date, le gouvernement impérial venait d'acquérir de la Chine, par un traité signé à Pékin, le territoire de Kiao-Tchéou. L'honneur de cette acquisition revenant à Hohenlohe, l'empereur lui écrivait :

« Bien que les joies extérieures ne puissent rien sur l'âme qui souffre profondément, je ne puis m'empêcher de te féliciter bien cordialement de l'éclatant succès que Dieu t'a donné après le coup terrible dont il t'a frappé. C'est là belle récompense d'un travail opiniâtre et prudent et une haute satisfaction après tant de soucis surmontés. Je t'en exprime ici mon impériale gratitude et mes cordiales félicitations. Tout à l'heure, j'ai vidé un verre de champagne à ta santé. »

Ce n'était là qu'une étape vers la création d'une flotte de guerre, et l'empereur ne pouvait encore se flatter d'avoir désarmé toutes les oppositions. Celles qui restaient debout s'attachaient à démontrer que la question de la flotte « ne soulevait aucun enthousiasme dans le peuple allemand ». Mais l'élan était donné et, le 12 juin 1900, le Reichstag, par 201 voix contre 103, votait une loi décrétant l'exécution des projets impériaux. Il faut se reporter aux longs débats qui précédèrent le vote pour comprendre combien au moment même où l'auteur de ces projets triomphait, ils étaient encore impopulaires. On ne saurait contester cependant qu'il avait témoigné en cette circonstance d'une juste compréhension des intérêts de son empire, et il ne nous en coûte pas de reconnaître qu'en les servant ainsi qu'il venait de le faire, il était resté dans les limites du droit qui appartient à tout souverain de travailler à la prospérité des populations qu'il gouverne.

Mais il ne suffisait pas que l'Allemagne, pour devenir une grande puissance coloniale, possédât des navires ; il fallait trouver des territoires. Où les prendre ? Partout ou presque partout, elle avait laissé les autres États se pourvoir ; ils avaient pu s'arrondir en toute liberté et maintenant ce n'est guère qu'à travers leurs possessions qu'on pouvait opérer des conquêtes.

C'est ici que se trahit l'esprit de ruse familier à la politique allemande et que commence à s'exercer la perfidie du Cabinet de Berlin, car c'est bien la perfidie qui a été son arme principale contre la France à partir du jour où portant ses visées sur le Maroc, il a résolu de nous en déposséder. Toute sa politique depuis quinze ans s'est inspirée de cette ambition plus ou moins dissimulée en une suite d'incidents où l'hypocrisie séculaire des Hohenzollern a tenu autant de place que l'effort incessant de leur héritier pour nous cacher le but véritable qu'il poursuivait contre nous.

Il faut d'ailleurs reconnaître qu'il y était poussé par le sentiment national. Le 27 mai 1904, « l'Assemblée coloniale allemande », réunie à Stettin, avait signé une adresse au chancelier de l'Empire, demandant que si le *statu quo* au Maroc était modifié en faveur de la France, l'Empire allemand reçût des compensations au moins égales à l'accroissement de la puissance française. Quelques jours plus tard, à Lubeck, « l'Union pangermanique » votait à son tour une résolution par laquelle, se déclarant blessée de l'humiliation subie par l'Empire qui n'avait pas été consulté au moment des négociations franco-anglaises, elle réclamait au nom des intérêts politiques et économiques de l'Allemagne l'acquisition de la côte Atlantique du Maroc, et sommait le gouvernement de saisir l'occasion qui lui était offerte de prendre pied solidement sur le territoire marocain.

Au mois de février de l'année suivante et au lendemain de l'entente franco-espagnole, le cabinet de Berlin, alléguant qu'on l'avait tenu systématiquement à l'écart de ces accords, déclarait officiellement qu'il lui convenait de les ignorer, ce qui équivalait à dire que l'Allemagne ne reconnaissait à la France aucune situation prépondérante au Maroc. En même temps, les partis politiques qui avaient reproché naguère à Bülow d'imposer à l'Allemagne une attitude effacée renouvelaient leurs revendications et enflaient la voix pour les soutenir. Les circonstances semblaient leur être favorables. Les revers et les troubles de la Russie imprimaient un plus vif élan aux aspirations allemandes. La prolongation de la guerre russo-japonaise était interprétée par l'opinion comme un coup porté à l'alliance franco-russe. L'heure était donc propice aux desseins de l'empereur dans la question marocaine.

Le 31 mars, dans la matinée, il arrivait à l'improviste devant Tanger, et après un séjour d'à peine deux heures à la légation d'Allemagne, il rentrait à son bord. Mais en ce peu de temps il avait dit tout ce qu'il voulait dire. A l'oncle du Sultan, qui lui souhaitait la bienvenue, il avait répondu en ces termes :

« C'est au Sultan, en sa qualité de souverain indépendant, que je fais aujourd'hui ma visite. J'espère que sous sa souveraineté, un Maroc libre restera ouvert à la concurrence pacifique de toutes les nations, sans monopole et sans annexion, sur le pied d'une égalité absolue. Ma visite à Tanger a eu pour but de faire savoir que je suis décidé à faire tout ce qui est en mon pouvoir pour sauvegarder efficacement les intérêts de l'Allemagne au Maroc puisque je considère le Sultan comme souverain absolument libre. C'est avec lui que je veux m'entendre sur les moyens propres à sauvegarder ces intérêts. »

Il était impossible de donner à son langage un caractère plus provocateur. C'est ce même caractère qu'on a pu remarquer depuis dans quelques-unes des paroles et quelques-uns des actes auxquels a donné lieu, de la part du cabinet de Berlin, la question marocaine jusqu'au jour où les difficultés qu'il se plaisait à susciter parurent résolues par l'arrangement diplomatique qui dénoua l'affaire d'Agadir.

Dans ce conflit, comme dans tous ceux qui, depuis 1870, ont mis la diplomatie française aux prises avec la diplomatie allemande, la difficulté à résoudre s'aggravait de la nécessité d'y parvenir sans froisser les amours-propres des deux nations et les divers sentiments qu'on nourrissait des deux côtés sans les avouer et qu'une étincelle pouvait mettre en feu. Au cours de la négociation de 1911, ce péril apparut à plusieurs reprises. Il ne fut conjuré que par la fermeté et la persévérance avec lesquelles le négociateur français, M. Jules Cambon, se maintint sur le terrain du droit strict, comprenant qu'abandonner ce terrain c'eût été tout risquer. Du reste, c'est parce que la France s'était toujours refusée à se laisser entraîner sur un autre, que des difficultés antérieures avaient été résolues, notamment en 1887, lors de l'affaire Schnœbelé, et en 1908, lors de celle des déserteurs de Casablanca.

En 1911, la situation était plus délicate. L'opinion allemande, surexcitée par l'envoi de la *Panther* dans les eaux marocaines, était unanime contre nous, et en France on commençait à s'irriter des incessantes provocations du cabinet de Berlin. Ce que nous savons de la négociation qui se poursuivit du mois de juin au mois de novembre entre le ministre allemand, M. de Kiderlen, et l'ambassadeur de France, M. Jules Cambon, démontre clairement qu'à plusieurs reprises, alors, on a frôlé la guerre.

Ce n'était pas la première fois. Depuis longtemps, dans presque toutes les discussions, même quand on ne parlait pas de guerre, la pensée qu'elle pouvait surgir hantait constamment l'esprit des négociateurs, ce qui donnait parfois à leur propos un caractère tragique. C'est ainsi par exemple qu'au mois de mars 1909, ils en étaient venus à des mots quasi comminatoires. Ils causaient ensemble, en présence de M. de Schœn, ambassadeur d'Allemagne à Paris, des difficultés qui s'étaient élevées entre Vienne et Saint-Pétersbourg à propos de la

Bosnie. On se rappelle que l'empereur Guillaume avait fait savoir au gouvernement russe qu'il se tiendrait résolument à côté de l'Autriche-Hongrie si la discussion diplomatique engagée au sujet de l'annexion de la Bosnie dégénérait en conflit, menace devant laquelle la Russie allait reculer. Ces incidents faisaient l'objet de l'entretien des deux diplomates. Kiderlen y apportait sa brutalité coutumière, assaisonnée de beaucoup d'esprit, mais souvent envenimée par l'abus qu'il faisait du tabac et de l'alcool. Elevé à l'école de Bismarck, il se plaisait, ce jour-là, à taquiner lourdement l'ambassadeur français à propos de notre fidélité à la Russie. Celui-ci lui donnait la réplique en le raillant de sa fidélité à l'Autriche, que personnellement il n'aimait pas.

Tout à coup Kiderlen s'écrie :

— Je ne vous comprends pas ! Vous savez bien que la Russie est intangible ; ce sera toujours vous qui payerez pour elle.

— Je vous conseille de ne pas continuer sur ce terrain, répondit froidement M. Jules Cambon, et je vous rappelle qu'en 1806, comme en 1871, on a vu la victoire aller du côté des gens qui ne se disaient pas sûrs d'être victorieux.

M. de Schœn s'interposa et l'entretien reprit le ton de la plaisanterie qui souvent servait à faire passer ce que les négociateurs avaient à se dire de pénible.

On pourrait relever des traits analogues dans les

discussions engagées, en 1911, à propos de l'affaire d'Agadir. Celle qui eut lieu le 20 juillet ne fut pas moins émouvante[1]. Mais, à cette date, l'Angleterre s'était prononcée pour nous et si jusqu'à ce moment le ministre allemand, bien qu'il ne voulût pas la guerre, n'en avait pas écarté l'éventualité, il sentait ce jour-là que le terrain lui manquait, d'où un trouble qui ne pouvait échapper à son interlocuteur. Il se demandait sans doute si l'Empereur voudrait aller jusqu'au bout. En tout cas, c'est seulement à la suite d'une entrevue qu'il eut avec son souverain que les négociations prirent une tournure plus conciliante. Guillaume II ne jugeait pas que l'heure fût opportune pour déclarer la guerre à la France.

Le 1er janvier 1912, en recevant le corps diplomatique, il se montra particulièrement gracieux envers notre ambassadeur. Faisant allusion aux critiques assez vives que soulevait à Paris et à Berlin le règlement qui venait d'être conclu, il lui dit :

— Mon cher Cambon, nous sommes vous et moi dans l'ère des pommes cuites ; mais vous verrez que l'an prochain nous serons dans l'ère des statues.

Était-il sincère ? Il est permis d'en douter si l'on veut se rappeler que l'année suivante, à cette même date du 1er janvier, il passa grave et froid devant

1. Elle a été racontée par M. Mermeix dans sa *Chronique de 1911* et confirmée depuis par le Livre Jaune.

M. Jules Cambon et comme pour expliquer son attitude, il laissa tomber ces mots :

— Monsieur l'ambassadeur, voilà vingt-cinq ans que je tends la main à la France et qu'elle me la refuse.

On peut voir à la lumière de ces épisodes combien fut menacée à cette époque la paix de l'Europe. Elle n'a pas cessé de l'être depuis et jusqu'en 1914. La France s'est trouvée alors exactement dans la même situation qu'en 1911. Mais, cette fois, elle a bénéficié de l'infatuation germanique et des illusions qu'on se faisait à Berlin. Le gouvernement allemand n'a pas compris que si le gouvernement russe avait reculé une première fois en 1908 devant un conflit à propos de la Bosnie, il ne reculerait pas une seconde, et qu'en ce qui concernait la France, le plus clair résultat de l'incident d'Agadir avait été de rendre impossible un accord entre elle et l'Allemagne au cas où naîtrait un nouveau conflit. Il ne s'est pas moins trompé en ce qui touche l'Angleterre et la Belgique. Mais sa plus grande faute a été de ne pas voir qu'il était devenu insupportable à tout le monde par la menace latente de guerre que sa politique faisait peser sur l'Europe. L'abcès a crevé.

---

CHAPITRE VIII

# L'ALLEMAGNE SE PRÉPARE A LA GUERRE

C'est au lendemain de la conférence d'Algésiras que paraît s'être établie définitivement en Allemagne la conviction que l'heure était venue d'envisager avec sang-froid la perspective d'une guerre prochaine. Dès lors, il devenait nécessaire de s'y préparer et surtout de propager dans l'empire l'opinion qu'elle était inévitable et qu'en conséquence la nation devait consentir à tous les sacrifices qui devaient la rendre victorieuse. Les rapports secrets émanés du gouvernement de Berlin et que le gouvernement français, entre les mains de qui ils étaient tombés, a publiés dans le Livre Jaune, sous les dates des 19 mars et 30 juillet 1913, ne laissent aucun doute à cet égard.

D'après ces rapports, la conférence d'Algésiras avait fourni la preuve de l'existence d'une entente entre la France, l'Angleterre et la Russie. La nécessité où se trouvait l'Autriche-Hongrie d'immobiliser des forces contre la Serbie fut le prétexte allégué par l'Allemagne pour justifier l'augmentation des siennes. Afin de lui donner plus de poids, on feignait de croire à l'intention de l'Angleterre d'envoyer sur le continent un corps expéditionnaire de cent mille hommes. A la faveur de ces prétextes, l'Allemagne entra résolument dans la voie des augmentations d'effectif. Celles auxquelles on procéda d'abord étaient considérées comme un minimum ; on se réservait d'en demander prochainement de nouvelles. Le règlement de l'incident d'Agadir imprima à ce mouvement de l'opinion une activité plus grande et d'autant plus efficace que le gouvernement ne perdait aucune occasion de l'accroître. Au mois de mars 1913, alors que le Reichstag allait être saisi d'un projet de loi militaire qui devait avoir pour effet de porter en temps de paix au chiffre de huit cent soixante mille hommes l'armée impériale laquelle, aux termes d'une loi votée l'année précédente, en comptait seulement sept cent vingt mille, rien n'était négligé pour persuader à la nation que si elle se refusait à ce nouveau sacrifice son existence était compromise. Et bien qu'il n'y eut pas unanimité dans les pays confédérés pour reconnaître cette nécessité, ceux qui en étaient convaincus formaient une immense majorité.

Au moment où venait d'être votée la loi de 1912, le colonel Pellé, attaché militaire de l'ambassade de France à Berlin, exposait cette situation en des termes qu'un an plus tard reproduisait dans un rapport son successeur, le lieutenant-colonel Serret. On y trouve toute la genèse du programme belliqueux qu'était en train de préparer à la nation le parti de la guerre allemand.

« Nous découvrons tous les jours, avait dit le colonel Pellé, combien sont profonds et durables les sentiments d'orgueil froissé et de rancunes contre nous provoqués par les événements de l'an dernier.

« Le traité du 4 novembre 1911 est une profonde désillusion.

« Le ressentiment éprouvé dans toutes les parties du pays est le même. Tous les Allemands, jusqu'aux socialistes, nous en veulent de leur avoir pris leur part au Maroc.

« Il semblait, il y a un ou deux ans, que les Allemands fussent partis à la conquête du monde. Ils s'estimaient assez forts pour que personne n'osât entamer la lutte contre eux. Des possibilités indéfinies s'ouvraient à l'industrie allemande, au commerce allemand, à l'expansion allemande.

« Naturellement, ces idées et ces ambitions n'ont pas disparu aujourd'hui. Les Allemands ont toujours besoin de débouchés, d'expansion économique et coloniale. Ils estiment qu'ils y ont droit parce qu'ils grandissent tous les jours, parce que l'avenir leur appartient. Ils nous regardent, avec nos 40 millions d'habitants, comme une nation secondaire.

« Dans la crise de 1911, cette nation secondaire leur a tenu tête, et l'empereur et le gouvernement ont cédé. L'opinion publique ne l'a pardonné ni à eux, ni à nous. *Elle ne veut pas qu'un pareil fait puisse se reproduire.* »

En rappelant cette révélation lumineuse, le lieutenant-colonel Serret y ajoutait le commentaire qui suit :

« Et au moment où la seconde et formidable partie du programme va être réalisée, où la force militaire allemande est sur le point d'acquérir cette supériorité définitive qui nous forcerait à subir, le cas échéant, l'humiliation ou l'écrasement, voici que soudain la France refuse d'abdiquer, et qu'elle montre, comme disait Renan, « son pouvoir éternel de renaissance et de résurrection. » On comprend à merveille le dépit allemand.

« Sans doute le Gouvernement invoque la situation générale de l'Europe et parle du péril slave. Pour ma part, l'opinion me semble en réalité indifférente au péril slave et cependant, elle a accepté avec une très belle tenue, sinon plus, les charges énormes de ces deux lois consécutives.

« Le 10 mars dernier, centenaire de l'organisation de la levée en masse de l'Allemagne contre nous, une foule énorme s'est pressée, malgré une pluie battante, à la parade militaire devant le château, au milieu du Tiergarten, devant les statues de la reine Louise et de Frédéric-Guillaume III, entourées de monceaux de fleurs.

« Ces anniversaires, rappelant la lutte contre la France, vont se répéter toute l'année. En 1914, on célébrera le centenaire de la première campagne de France, de la première entrée des Prussiens à Paris.

« En résumé, si l'opinion publique allemande ne montre pas la France du doigt, comme le fait la *Gazette de Cologne*, c'est cependant contre nous qu'elle est et restera longtemps braquée. Elle trouve que pour nos 40 millions d'habitants nous tenons au soleil une place vraiment trop grande.

« Les Allemands désirent la paix, ne cesse-t-on de proclamer, et l'empereur plus que tout autre, mais ils ne l'entendent pas dans le sens de concessions mutuelles ni d'équilibre des armements. Ils veulent qu'on les craigne et ils sont en train de faire les sacrifices nécessaires. Si, à quelque occasion, leur orgueil national se trouve blessé, la confiance que pourra avoir le pays dans l'énorme supériorité de son armée favorisera une explosion de colère nationale devant laquelle la modération du gouvernement impérial sera peut-être impuissante.

« Il faut constater d'ailleurs que le gouvernement met tout en œuvre pour chauffer le sentiment national, en fêtant avec éclat tous les anniversaires de 1813. »

En communiquant ces rapports au ministre des affaires étrangères de France, l'ambassadeur Jules Cambon constatait que les autorités impériales ne cessaient d'exalter le sentiment patriotique et la gravité de la situation.

« L'empereur se complaît à rappeler, tous les

jours, les souvenirs de 1813. Hier soir, une retraite militaire a parcouru les rues de Berlin et des discours ont été prononcés dans lesquels la situation présente était assimilée à celle d'il y a un siècle. L'entraînement de l'opinion aura sa répercussion dans les discussions qui s'ouvriront le mois prochain au Reichstag, et j'ai lieu de craindre que le chancelier lui-même ne soit poussé à faire dans ses déclarations des allusions aux relations de la France et de l'Allemagne. Il fallait s'attendre à ce qu'on exaltât le patriotisme de la nation au moment où on lui demande de nouveaux sacrifices, mais c'est abuser du rapprochement historique que de comparer le temps présent à 1813. Si le mouvement qui, il y a un siècle, emportait le peuple allemand contre l'homme de génie qui aspirait à la domination universelle, pouvait trouver aujourd'hui quelque équivalent, c'est en France qu'il le faudrait chercher, puisque le peuple français ne songe qu'à se défendre contre la domination de la force. »

Il faut se rappeler que le parlement français venait de rétablir le service de trois ans. Le mouvement patriotique qui en avait déterminé le vote, et auquel s'était associé le pays, causait en Allemagne dans certains milieux une véritable colère, dont la *Gazette de Cologne* se faisait l'organe dans un article virulent et sous une forme tellement agressive, que le gouvernement de Berlin, non encore prêt à jeter le masque, se croyait obligé de la désavouer. Néanmoins, on rencontrait des gens en grand nombre qui déclaraient les projets militaires de la France extraordinaires et injustifiés.

— C'est une provocation, disaient les uns, nous ne le permettrons pas.

D'autres soutenaient que la France, avec ses 40 millions d'âmes, n'avait pas le droit de rivaliser ainsi avec l'Allemagne. L'attaché naval de notre ambassade, M. de Faramond, se faisait l'écho de ces dires et considérait que l'intérêt de la France était de se persuader que l'opinion de la *Gazette de Cologne* était celle de l'immense majorité du peuple allemand. Quant au gouvernement impérial, prévoyant toutes les éventualités, il voulait se mettre en état, en plaçant des corps d'armée sur notre frontière, de pouvoir, le jour même des hostilités, nous attaquer brusquement avec des forces très supérieures aux nôtres. C'était pour lui une nécessité impérieuse d'obtenir un succès dès le début des opérations.

Ainsi s'expliquent les divers moyens qu'il allait employer pour convaincre l'Allemagne de l'inévitabilité de la guerre et lui démontrer, contrairement à la vérité, qu'elle était attaquée et contrainte de se défendre ; c'est cette thèse qu'il s'efforçait d'imposer non seulement à l'Allemagne, mais encore à tous les pays, en déployant ruses sur ruses et en entassant mensonges sur mensonges, afin de rejeter sur ses adversaires la responsabilité de l'œuvre sanglante qu'il préparait. Mais la preuve de ces ruses et de ces mensonges est faite aujourd'hui et si l'on en pouvait douter, nous la trouverions dans l'extrait suivant de l'un des rapports secrets du grand état-major allemand dont le gouvernement français a eu connaissance.

« Notre nouvelle loi militaire n'est qu'une extension de l'œuvre d'éducation militaire du peuple allemand. Nos ancêtres de 1813 ont fait de plus gros sacrifices. C'est notre devoir sacré d'aiguiser l'épée que l'on nous a mise en main, et de la tenir prête pour nous défendre comme pour porter des coups à notre ennemi. *Il faut faire pénétrer dans le peuple l'idée que nos armements sont une réponse aux armements et à la politique française.* Il faut l'habituer à penser qu'une guerre offensive de notre part est une nécessité pour combattre les provocations de l'adversaire. Il faudra agir avec prudence pour n'éveiller aucun soupçon, et éviter les crises qui pourraient nuire à notre vie économique. Il faut mener les affaires de telle façon que sous la pesante impression d'armements puissants, de sacrifices considérables et d'une situation politique tendue, un déchaînement (*Losschlagen*) soit considéré comme une délivrance, parce qu'après lui viendraient des décades de paix et de prospérité comme après 1870. Il faut préparer la guerre au point de vue financier ; il y a beaucoup à faire de ce côté-là. Il ne faut pas éveiller la méfiance de nos financiers, mais bien des choses cependant ne pourront être cachées.

« Il n'y aurait pas à s'inquiéter du sort de nos colonies. Le résultat final en Europe le règlera pour elles. Par contre, il faudra susciter des troubles dans le Nord de l'Afrique et en Russie. C'est un moyen d'absorber des forces de l'adversaire. Il est donc absolument nécessaire que nous nous mettions en relations, par des organes bien choisis, avec des gens influents en Égypte, à Tunis, à Alger et au Maroc, pour préparer les mesures nécessaires en cas de guerre européenne. Bien entendu, en cas de guerre, on reconnaîtrait ouvertement ces alliés secrets ; et on leur assurerait, à la conclusion de la paix, la conservation des avantages conquis. On peut réaliser ces desiderata. Un premier essai, qui a été fait il y a quelques années, nous avait procuré le contact voulu. Malheureusement, on n'a pas consolidé suffisamment les relations obtenues. Bon gré mal gré, il faudra en venir à des préparatifs de ce genre, pour mener rapidement à sa fin une campagne.

« Les soulèvements provoqués en temps de guerre par des agents politiques demandent à être soigneusement préparés, et par des moyens matériels. Ils doivent éclater simultanément avec la destruction des moyens de communication ; ils doivent avoir une tête dirigeante que l'on peut trouver dans des chefs influents, religieux ou politiques. L'école égyptienne y est particulièrement-apte, elle relie de plus en plus entre eux les intellectuels du monde musulman.

« Quoi qu'il en soit, nous devons être forts pour pouvoir anéantir d'un puissant élan nos ennemis de l'Est et de l'Ouest. Mais dans la prochaine guerre européenne, il faudra aussi que les petits États soient contraints à nous suivre, ou soient domptés. Dans certaines conditions, leurs armées et leurs places fortes peuvent être rapidement vaincues ou neutralisées, ce qui pourrait être vraisemblablement le cas pour la Belgique et la Hollande, afin d'interdire à notre ennemi de l'Ouest un territoire qui pourrait lui servir de base d'opération dans notre flanc. Au Nord, nous n'avons à craindre aucune menace du Danemark ou des États scandinaves, d'autant plus que, dans tous les cas, nous pourvoirons à la concentration d'une forte armée du Nord, capable de répondre à toute mauvaise intention de ce côté. Au cas le plus défavorable, le Danemark pourrait être forcé par l'Angleterre à abandonner sa neutralité; mais à ce moment, la décision serait déjà intervenue sur terre et sur mer. Notre armée du Nord, dont les forces pourraient être notablement augmentées par les formations hollandaises, répondrait par une défensive extrêmement active à toute offensive de ce côté.

« Au Sud, la Suisse forme un boulevard extrêmement solide, et nous pouvons compter qu'elle défendra énergiquement sa neutralité contre la France, protégeant ainsi notre flanc.

« Comme on l'a dit plus haut, on ne peut considérer de même la situation vis-à-vis des petits États de notre frontière Nord-Ouest. Là, ce sera pour nous une question vitale ; et le but vers lequel il faudra tendre, c'est de prendre l'offensive avec une grande supériorité dès les premiers jours. Pour cela, il faudra concentrer une grande armée, suivie de fortes formations de landwehr, qui détermineront les armées des petits États à nous suivre, ou tout au moins à rester inactives sur le théâtre de la guerre, et qui les écraseraient en cas de résistance armée. Si l'on pouvait décider ces États à organiser leur système fortifié de telle façon qu'il constitue une protection efficace de flanc, on pourrait renoncer à l'invasion projetée. Mais, pour cela, il faudrait aussi, particulièrement en Belgique, qu'on reformât l'armée, pour qu'elle offrît des garanties sérieuses de résistance efficace. Si, au contraire, son organisation défensive était établie contre nous, ce qui donnerait des avantages évidents à notre adversaire de l'Ouest, nous ne pourrions, en aucune façon, offrir à la Belgique une garantie de la sécurité de sa neutralité. Un vaste champ est donc ouvert à notre diplomatie pour travailler, dans ce pays, dans le sens de nos intérêts.

« Les dispositions arrêtées dans ce sens permettent d'espérer que l'offensive peut être prise aussitôt après la concentration complète de l'armée du Bas-Rhin. Un ultimatum à brève échéance,

12

que doit suivre immédiatement l'invasion, permettra de justifier suffisamment notre action au point de vue du droit des gens.

« Tels sont les devoirs qui incombent à notre armée, et qui exigent un effectif élevé. Si l'ennemi nous attaque, ou si nous voulons le dompter, nous ferons comme nos frères d'il y a cent ans ; l'aigle provoqué prendra son vol, saisira l'ennemi dans ses serres acérées, et le rendra inoffensif. Nous nous souviendrons alors que les provinces de l'ancien empire allemand : Comté de Bourgogne et une belle part de la Lorraine, sont encore aux mains des Francs ; que des milliers de frères allemands des provinces baltiques gémissent sous le joug slave. C'est une question nationale de rendre à l'Allemagne ce qu'elle a autrefois possédé. »

On est stupéfait d'entendre le gouvernement de l'Allemagne déclarer qu'il n'a pas voulu la guerre, alors qu'abondent tant de témoignages de sa volonté de prendre l'offensive afin d'écraser la France avant qu'elle ait eu le temps de se préparer. Depuis 1870, elle l'a voulue à plusieurs reprises ; si elle ne l'a pas faite en 1911, au moment de l'affaire d'Agadir, ce fut uniquement parce que l'opinion publique allemande se cabra en voyant surgir à l'improviste une France nouvelle, insoupçonnée jusque-là, tranquillement mais fermement résolue à faire valoir son droit jusqu'au bout. Qu'elle eut l'insolence de n'avoir pas peur de la guerre, c'était pour l'Allemagne une cause d'irritation poussée jusqu'à la rage et qui se propagea, nous l'avons vu, dans tous les partis depuis les conservateurs jusqu'aux socialistes, dans toutes les conditions sociales dans les contrées les plus diverses de l'Empire. Partout alors on professe et on proclame que le traité du 4 novembre est une défaite diplomatique, une preuve de l'incapacité de la diplomatie allemande et de l'incurie du Gouvernement, si souvent dénoncées, la preuve que l'avenir de l'Empire n'est pas assuré sans un nouveau Bismarck, une humiliation nationale, une déconsidération européenne, une atteinte au prestige allemand d'autant plus grave que, jusqu'en 1911, la suprématie militaire de l'Allemagne était incontestée et que l'anarchie française, l'impuissance de la République étaient une sorte de dogme allemand.

L'événement de 1911 est donc une cause de profonde désillusion. « Une France nouvelle, unie, résolue, décidée à ne plus se laisser intimider, est sortie du suaire dans lequel on la contemplait s'ensevelissant depuis dix ans. Avec une surprise mêlée d'irritation, l'opinion publique allemande a découvert, de décembre à mai, à travers la presse de tous les partis qui reprochaient au Gouvernement impérial son incapacité, sa lâcheté, que la vaincue de 1870 n'avait cessé depuis de guerroyer, de promener en Asie et en Afrique son drapeau et le prestige de ses armes, de conquérir de vastes territoires ; que l'Allemagne avait vécu d'héroïsme honoraire ; que la Turquie est le seul pays où elle ait fait, sous le règne de Guillaume II, des conquêtes morales, bien compromises maintenant par la honte de la solution marocaine. Chaque fois que la France faisait une conquête coloniale, on consolait cette même opinion en disant : « Oui, mais cela n'empêche pas la décadence, l'anarchie, la décomposition de la France à l'intérieur. »

Tel est, au cours de l'année 1912 et jusqu'au mois de juillet 1914, l'état d'âme de l'Allemagne. Il s'en faut cependant que toutes les difficultés qui retardent la guerre soient résolues. Restent à dissiper encore bien des mécontentements et des craintes, en Bavière, par exemple, où l'on se demande, dès qu'il est question de la nouvelle loi militaire, à quoi serviront les nouveaux armements puisque personne ne menace l'Allemagne ; où l'on fait remarquer que la chancellerie allemande, qui a révélé tant d'incapacité en 1911, sera aussi incapable dans l'avenir d'adopter une politique extérieure active et de remporter tout au moins sur ce terrain des succès qui justifient les sacrifices que la nation s'impose.

Du reste, comme le rappelle tristement le prince régent de Bavière dans un entretien avec le ministre de France à Munich, le sort des armes est toujours incertain ; toute guerre est une aventure et bien fou celui qui la court se croyant assuré de la victoire. « Malgré le patriotisme affecté avec lequel les classes riches acceptent le sacrifice qui leur sera demandé, elles n'en sont pas moins, particulièrement dans le monde des affaires, mécontentes des mesures financières annoncées, et elles sentent qu'une contribution forcée, imposée en pleine paix, crée pour l'avenir un précédent redoutable. D'autre part, les gouvernements confédérés ont opposé une vive résistance à l'innovation qui attribuera à l'Empire des ressources tirées de l'impôt direct. Jusqu'ici les impôts de cette nature étaient réservés aux États confédérés, et ceux-ci voient dans l'abandon de cette règle une affirmation nouvelle de la personnalité de l'Empire, qui constitue une certaine diminution de leur propre souveraineté ». Mais ces oppositions n'affectent pas le caractère d'une résistance invincible et bientôt le rétablissement du service de trois ans voté en France, la résolution virile avec laquelle il est accepté aident le gouvernement impérial à écarter toutes ces difficultés. Les projets soumis au Reichstag sont présentés comme une réponse au vote des assemblées françaises, ce qui est le contraire de la vérité puisque l'immense effort militaire que la France accepte n'est que la conséquence des initiatives de l'Allemagne. Si jusque-là l'empereur Guillaume est resté, tout au moins en apparence, le partisan de la paix, l'atmosphère brûlante dans laquelle il vit modifie peu à peu l'opinion qu'il paraissait professer et au commencement du mois de novembre 1913, le roi des Belges Albert Ier fut le confident de la transformation qui s'était opérée dans l'âme de l'empereur.

Dans les premiers jours de ce mois de novembre 1913, le roi Albert arrivait directement de Bruxelles à Lunebourg, en Hanovre, afin d'inspecter le régiment de dragons hanovriens n° 16 dont il était le colonel honoraire. C'était une habitude pour les souverains étrangers, colonels honoraires en Allemagne, de se rendre au moins une fois l'an à leur régiment et d'y distribuer des décorations. Le roi des Belges consacra à ce devoir une partie de la journée du 5 et, dans l'après-midi, il partait pour Potsdam où il devait voir l'Empereur, étant entendu que sa visite n'aurait aucun caractère officiel.

Outre que le colonel honoraire des dragons hanovriens considérait comme un acte de courtoisie de rendre compte de son inspection à Guillaume II, il pensait qu'il ne pouvait, sans le blesser, ne pas pousser jusqu'à Potsdam qui n'est, par chemin de fer, qu'à quelques heures de Lunebourg. C'est ainsi qu'il passa un peu plus de vingt-quatre heures dans la résidence impériale et qu'il eut avec l'Empereur, durant la journée du 6, ce fameux entretien auquel il était bien loin de s'attendre, qui lui dévoila les desseins belliqueux du souverain, regardé jusque-là comme un pacifiste et qu'on avait célébré comme tel en Allemagne, cette même année, à l'occasion du vingt-cinquième anniversaire de son règne.

Durant son séjour à Potsdam, le Roi prit part à deux dîners, le premier tout intime, le second de cinquante à soixante couverts. Le chancelier Bethmann-Holweg et le général de Moltke, chef de l'état-major, assistaient au dernier. Ils causèrent longuement l'un et l'autre avec le Roi ; mais tandis que le chancelier s'abstenait d'aborder le sujet redoutable de la guerre avec la France, le général, au contraire, prit l'initiative d'y revenir et tint au Roi le même langage que l'Empereur, en cherchant visiblement à y mettre un accent plus persuasif en ce qui regardait « la victoire certaine de l'Allemagne ».

Les termes en lesquels sont faites ces confidences voulues et calculées étant restés le secret de ceux qui s'y livrèrent et de celui qui les reçut, nous ne pouvons les reproduire dans leur forme verbale et en donner les détails. Il est plus facile d'en préciser le but. On avait voulu certainement impressionner le Roi et le disposer par avance, en l'effrayant, à subir les exigences qu'on se proposait de formuler au moment opportun, encore qu'on se fût bien gardé d'y faire allusion en causant avec lui et de les lui laisser soupçonner. Ce qui n'est pas moins certain, c'est que lorsque, encore aujourd'hui, l'empereur Guillaume ose jurer qu'il n'a pas voulu la guerre, le souvenir que nous évoquons lui oppose un démenti formel.

Le même soir, le Roi partait pour Berlin. Le lendemain, après avoir déjeuné à sa légation avec les représentants de la colonie belge, il visitait les principaux musées de la capitale prussienne, accompagné du baron Beyens, et faisait avec lui une promenade au Grünewald, cette belle forêt située entre Berlin et Postdam. Il se mettait ensuite en route pour Bruxelles. Mais, en partant, il laissait à son représentant l'ordre d'aller rapporter à l'ambassadeur de France la conversation qu'il avait eue avec Guillaume, pensant qu'il était urgent que le gouvernement français la connût.

Quelques jours plus tard, M. Pichon, qui était alors ministre des affaires étrangères, recevait une lettre de M. Jules Cambon, qui lui faisait part de la communication du Roi. Empêché de venir à Paris, l'ambassadeur la lui avait expédiée par la valise, et le ministre pouvait apprécier l'étendue du service que venait de nous rendre le souverain belge. Ainsi se résume la première partie de l'épisode que je reconstitue.

Maintenant, transportons-nous à quatre mois plus tard. Nous sommes dans les derniers jours de mars 1914. Ce soir-là, M. Jules Cambon a dîné dans l'intimité chez M. de Jagow. On vient de sortir de table, le café a été servi, les cigares sont allumés, le secrétaire d'État a fait asseoir l'ambassadeur sur un canapé et a pris place à côté de lui. C'est le moment où, entre diplomates, on peut causer utilement et confidentiellement sans que les propos échangés engagent personne; c'est du travail préparatoire. Alors, répondant à une question de M. Jules Cambon relative à la construction et au raccordement de lignes de chemins de fer que la France et l'Allemagne se préparent à ouvrir dans leurs possessions africaines, M. de Jagow émet l'idée qu'il serait utile qu'une entente intervînt entre les deux pays et aussi avec l'Angleterre, afin que ces lignes ne se fissent pas concurrence.

— Dans ce cas, reprend l'ambassadeur, il faudrait inviter la Belgique à conférer avec nous, car, elle aussi construit au Congo de nouveaux chemins de fer...

Le secrétaire d'État semble tomber de son haut :

— La Belgique ! fait-il. Ah ! mais non, puisque c'est elle qui paierait.

Voilà le cri spontané, le cri du cœur.

Le baron Beyens, en le repétant à son gouvernement, lui a donné une forme moins familière, plus diplomatique. Mais j'ai lieu de croire que c'est tel que je le reproduis qu'il a échappé au secrétaire d'État allemand. Et comme je le préfère ainsi : « C'est la Belgique qui paierait ! » Cette prédiction éventuelle, formulée de la sorte, n'exprime-t-elle pas avec plus de force la cupidité teutonne, la duplicité du Prussien qui se prépare à procéder déloyalement, par surprise, à l'improviste? N'est-ce pas l'attaque brusquée, préconisée dans la guerre, qu'il rêve de transporter dans la diplomatie ?

Nous faisons grâce à nos lecteurs de la suite de ce suggestif entretien, qui figure tout au long dans le « Livre Gris belge ». Cependant, à la version qu'il nous donne manque un dernier trait. Voyant ses propositions repoussées, M. de Jagow s'est hâté de déclarer qu'il a parlé en son nom personnel, que son langage n'a aucun caractère officiel, et puis, en des termes dont je peux garantir le fond sinon la forme, il ajoute négligemment que si ce langage était livré à la publicité, il déclarerait qu'il ne l'a pas tenu.

On a vu, par un extrait de l'officieuse *Gazette de l'Allemagne du Nord*, qu'il a fait comme il l'avait dit : « Le secrétaire d'État, affirme-t-elle, n'a exprimé aucune intention de nature à léser les droits de la Belgique. » Mais on sait les diplomates allemands coutumiers du mensonge, et ce démenti n'a trompé personne. Il reste de ces incidents que si, en novembre 1913, l'empereur d'Allemagne était résolu à la guerre contre la France, il cherchait, au printemps de 1914, le moyen de s'emparer du Congo belge.

Il convient de rappeler, pour compléter ce récit, qu'en retour du service que le roi Albert avait rendu à la France en lui révélant la conversation qu'il avait eue à Potsdam avec Guillaume II, M. Jules Cambon, usant de réciprocité, s'empressa de faire part au baron Beyens de celle qu'il venait d'avoir avec le secrétaire d'État aux affaires étrangères d'Allemagne. C'est ainsi qu'elle figure dans le « Livre Gris », alors que le « Livre Jaune » n'en fait pas mention.

CHAPITRE IX

# AUTOUR DE L'ULTIMATUM DU 23 JUILLET

En 1914, les gouvernements de la Triple-Entente n'étaient représentés à Belgrade que par les deux chargés d'affaires d'Angleterre et de Russie, MM. Crackenthorp et de Strandtman ; le ministre de France, malade depuis un certain temps, n'avait plus de rapports avec le gouvernement royal. Il était donc devenu nécessaire de nommer un titulaire nouveau à notre légation. M. Viviani, ministre des affaires étrangères, qui se trouvait encore en Russie avec le Président de la République, désignait pour occuper ce poste un agent connu depuis longtemps en Serbie où il avait fait de nombreux voyages avant d'être, de 1890 à 1892, attaché et secrétaire à notre légation. Le décret qui nommait M. Auguste Boppe fut signé à Péterhof le 22 juillet.

Achevant à Nancy un congé qui lui avait été accordé peu de temps avant, M. Boppe se préparait à rejoindre le poste de conseiller à l'ambassade de Constantinople qu'il occupait depuis dix ans lorsque, dans cette même journée du 22 juillet, il reçut un télégramme officiel qui l'appelait de toute urgence à Paris. Le lendemain, dès le matin, il était au quai d'Orsay et se présentait au cabinet du directeur politique. Là on lui apprenait sa nomination ; ses instructions lui étaient données et on l'engageait à gagner son poste le plus tôt possible. C'était jour de départ de l'Orient-Express ; une seule place restait libre dans le train ; il put la retenir et partir dans la soirée. Le ministre de Roumanie, M. Lahovary, partait également, mais si loin de croire malgré tout à l'imminence de la guerre qu'il allait faire sa cure annuelle à Carlsbad.

C'est à Munich seulement que les journaux apprirent à M. Boppe qu'au moment où il quittait Paris, le ministre d'Autriche à Belgrade remettait au gouvernement serbe la note dont on parlait depuis quelques jours. Il en connut le texte à Vienne où l'ambassadeur de France, prévenu de son passage, était venu lui serrer la main à la gare. Il arrivait à Belgrade le 25 au matin.

En descendant de wagon, il rencontrait, sur le quai, le chargé d'affaires de Russie qui faisait partir sa femme pour Constantinople. M. de Strandtman le mettait rapidement au courant des circonstances ; quelques instants plus tard, à la légation russe où était venu également M. Crackenthorp, il lui donnait des informations plus complètes, qu'il convient de résumer dès maintenant, avant de suivre le ministre de France chez M. Pachitch, président du conseil des ministres de Serbie et ministre des affaires étrangères. On trouvera, dans cet exposé, une preuve plus éclatante encore que celles que nous avons déjà données de la longue préparation des projets du cabinet de Vienne; il démontrera avec une évidence écrasante que la guerre contre la Serbie était depuis longtemps résolue, qu'on n'attendait qu'un prétexte pour l'entreprendre et que le drame de Serajevo venait de le fournir.

A Belgrade, on n'avait pas attendu l'événement tragique du 28 juin pour soupçonner les perfides desseins du gouvernement austro-hongrois; on s'en était même convaincu lorsqu'au mois d'octobre 1913, le ministre d'Autriche auprès du gouvernement serbe, M. d'Ugron, avait été subitement rappelé, pourvu d'un nouveau poste et remplacé à Belgrade par le général baron Giesl de Gieslingen, attaché militaire à l'ambassade autrichienne de Constantinople. M. d'Ugron, ayant remplacé en 1910 le comte Forgasch, s'était efforcé, conformément à ses instructions, de faire oublier, par sa modération et la courtoisie de ses procédés, les ténébreuses intrigues auxquelles s'était livré son prédécesseur et que celui-ci avait poussées si loin que son gouvernement, bien qu'il ne le désapprouvât pas et se réservât de le remettre en selle au moment opportun, avait dû le rappeler. Nous avons déjà dit qu'on l'avait envoyé à Dresde.

Tandis qu'il était en sommeil dans ce « salon des exilés », — c'est ainsi que dans le monde diplomatique on désigne ce poste, — son successeur à

Belgrade s'appliquait très consciencieusement à apaiser les susceptiblités serbes, et les rapports entre les deux gouvernements étaient devenus plus faciles et moins dépourvus de cordialité. Mais au mois d'octobre 1913, le gouvernement autrichien, jugeant que l'heure était venue d'activer son entreprise contre la Serbie, avait pensé qu'il fallait mettre à Belgrade, au lieu d'un homme conciliant, un homme de combat ; il y avait envoyé le baron de Giesl, personnage d'intelligence médiocre, sans valeur morale, de qui, après les preuves qu'il a données de son arrogance, on peut dire qu'il était bon à tout faire. Asservi aux ordres de Forgasch, il restera pendant toute la durée de sa mission en rapport avec l'exilé de Dresde et se laissera docilement manipuler par lui, car du fond de sa retraite Forgasch continue à dresser des batteries contre le gouvernement serbe.

Il n'y emploie pas seulement le baron de Giesl. A côté de celui-ci, le conseiller de la légation austro-hongroise à Belgrade, Herr von Storck, est un instrument non moins docile dont l'activité contre les Serbes, à peine déguisée, s'envenime d'un anti-slavisme intense et d'une haine ardente contre la Russie.

Tel était donc l'état des choses à Belgrade, lorsque dans l'après-midi du 28 juin arriva la nouvelle du drame de Serajevo. Le baron de Giesl était en ce moment à Vichy, où il faisait sa cure annuelle. C'est à von Storck que furent exprimées par M. Pachitch les condoléances de son gouvernement et les siennes, en même temps qu'il les faisait présenter au gouvernement austro-hongrois par M. Jovanovitch et qu'il prévenait toutes les chancelleries de cette démarche et de sa ferme volonté de punir les assassins s'il parvenait à les découvrir. Il ne s'en tenait pas à ces témoignages de protestation indignée contre eux et de ses regrets. La nouvelle aussitôt reçue à Belgrade, les drapeaux qui flottaient sur les édifices publics étaient mis en berne, les cafés étaient fermés et, le 3 juillet, tout le gouvernement, le prince régent en tête, assistait au service funèbre célébré dans la chapelle catholique attenante à la légation d'Autriche-Hongrie. Mais ces diverses manifestations semblaient laisser von Storck complètement insensible, comme s'il eût mis en doute leur sincérité ; ses rapports avec le cabinet de Belgrade étaient de plus en plus caractérisés par une tension et une raideur qui laissaient prévoir des complications prochaines. D'autre part, sous prétexte que le gouvernement russe menaçait de se mettre entre l'Autriche et la Serbie comme défenseur de celle-ci, il se livrait contre M. de Hartwig, son collègue russe, à des propos calomnieux dont ce diplomate ne pouvait qu'être justement froissé. Tant auprès des panslavites de Moscou que des patriotes les plus exaltés de Belgrade, M. de Hartwig s'était acquis une situation exceptionnelle. Quotidiennement le premier ministre venait à la légation s'entretenir avec lui. On le qualifiait de vice-roi de Serbie sans qu'il y contredît et, de Russie, il recevait l'expression de vœux très nombreux qui n'allaient à rien moins qu'à lui faire espérer la direction des affaires extérieures de l'empire. C'était à cet homme à qui toutes les ambitions étaient permises que s'attaquait grossièrement un obscur chargé d'affaires autrichien.

Sur ces entrefaites, M. de Giesl, averti de la gravité des événements, avait interrompu sa cure et quitté Vichy pour rejoindre son poste. Il y arrivait le 10 juillet dans la matinée ; il trouvait la ville en proie à un trouble profond et dans un état d'ébullition dont il y avait lieu de s'alarmer. Néanmoins, grâce aux mesures prises par le gouvernement serbe, l'ordre avait été maintenu ; il ne semblait pas qu'il pût y être porté atteinte ni que la population, bien qu'excitée contre l'Autriche par la presse, qui répliquait violemment aux attaques des journaux de Vienne, fût disposée à des manifestations propres à aggraver le péril devenu de plus en plus menaçant. C'est en ces circonstances que se produisit à l'improviste un événement d'un caractère tragique et qui contribua à exciter les Serbes contre l'Auriche.

M. de Hartwig s'était violemment irrité des calomnies que n'avait cessé de répandre contre lui von Storck en l'absence du baron de Giesl. Occupant depuis longtemps son poste et conscient de son énorme popularité, le ministre russe s'était fait aimer de tout le monde à Belgrade et ne se connaissait d'ennemis qu'à la légation d'Autriche-Hongrie. En réponse aux accusations dont il avait été l'objet et qui avaient eu des échos à Vienne et à Pétersbourg, il s'exprimait en termes très âpres contre son accusateur et attendait avec impatience de pouvoir s'expliquer avec son collègue autrichien. Ayant appris dans la matinée du 10 son retour de Vichy, il lui téléphonait aussitôt pour lui demander une entrevue le même jour, et le rendez-vous était fixé chez M. de Giesl pour huit heures et demie. Constatons, en passant, que M. de Hartwig, âgé de soixante-sept ans, était de santé fragile, de nature apoplectique et affligé par surcroît d'une maladie de cœur.

Nous ne connaissons ce qui se passa entre lui et son collègue que par ce qu'en a raconté celui-ci, puisque leur entretien n'eut pas de témoin. Mais il ne semble pas que la version qu'il en a donnée puisse être contestée. A l'en croire, les premières paroles échangées eurent un caractère amical ; mais il était visible que M. de Hartwig faisait effort pour rester calme et pour ne pas se départir de la modération qui convenait à l'explication franche et loyale qu'il avait provoquée. Ceux qui l'ont connu sont unanimes à reconnaître qu'il était violent par nature, et, comme on dit en langage vulgaire, qu'il s'emballait aisément. C'est ce qui arriva. Il se plaignit des propos que von Storck avait tenus sur lui et, tout en trempant ses lèvres dans la tasse de café turc qu'on lui avait servie à son arrivée, tout en fumant les cigarettes que M. de Giesl lui offrait, il s'excita, emporté par sa parole même. Vint un moment où la violence de son langage et l'altération de ses traits rougis par le sang qui affluait au cerveau trahirent sans retenue la colère qui couvait en lui depuis longtemps.

— Votre chargé d'affaires a menti, s'écriait-il. Il a dit que j'ai refusé de mettre en berne le drapeau de ma légation ; il a dit que le 28 juin j'ai donné un grand dîner ; il a dit que je n'ai pas assisté au service religieux qui a été célébré dans votre chapelle. Tout cela est faux et il n'est personne à Belgrade qui n'ait pu le constater ; tout le monde a pu voir mon drapeau en berne ; tout le monde a pu constater ma présence au service funèbre et nul n'ignore que je n'ai pas donné de dîner ce jour-là.

Tandis qu'il protestait ainsi avec véhémence, il déposait sur la table sa tasse à moitié vidée et écrasait convulsivement entre ses doigts sa cigarette à peine consumée. Tout à coup, il se souleva, ses mains battirent l'air et il tomba foudroyé.

Peu de jours avant, il disait à un ami :

— Oh ! moi je sais ce qui m'attend ; je resterai dans une attaque d'apoplexie.

La prédiction se réalisait ; l'apoplexie avait fait son œuvre.

Éperdu, M. de Giesl appelait du secours ; sa femme et ses domestiques accouraient et, tandis que les uns s'efforçaient vainement de ramener la vie dans le corps inanimé étendu sur un canapé, les autres téléphonaient aux deux médecins les plus connus dans la ville ainsi qu'à la légation de Russie. Bientôt tout ce monde se trouvait réuni sur le théâtre de l'événement. Mais les médecins ne pouvaient que constater l'inutilité de leurs soins et c'était alors un concert de lamentations que rendaient plus poignant les larmes et les cris de douleur de M$^{me}$ et de M$^{lle}$ de Hartwig qui étaient arrivées aussi.

Les spectateurs de cette scène pénible sont alors frappés par l'attitude vraiment étrange du baron de Giesl. Tandis qu'on devait s'attendre à ce que, devant la manifestation d'une douleur légitime, il ne songeât qu'à témoigner de la part qu'il y prend ou gardât un respectueux silence, il s'agite, va, vient de l'un à l'autre et raconte avec exubérance ce qui s'est passé. Il montre à chacun, et surtout à la femme et à la fille du défunt, la tasse à moité vide et les débris de cigarettes restés sur la table :

— Voilà la tasse dans laquelle il venait de boire quand le malheur est arrivé ; voilà ce qui reste des cigarettes qu'il a fumées...

Ces propos surprennent les auditeurs ; ils devinent que M. de Giesl prévoit qu'il sera soupçonné d'avoir empoisonné son visiteur et qu'il s'efforce par avance de démontrer qu'il ne mérite pas ce soupçon.

Quelques instants après, la nouvelle de l'événement se répand dans la ville, où on le raconte probablement en l'exagérant et en le dénaturant ; l'irritation contre la légation d'Autriche devient en quelques heures si violente que la police croit prudent de prendre des mesures pour protéger le personnel diplomatique et militaire austro-hongrois. Celui-ci s'effraie du soulèvement qu'il redoute et à ce point que, le même soir et le lendemain, le conseiller, les secrétaires et leurs familles traversent la Save et vont coucher sur l'autre rive. Réflexion faite, M. de Giesl renonce provisoirement à quitter son domicile. Mais il accompagne jusqu'au bateau sa femme et son jeune fils âgé de quinze ans et, avant de se séparer d'eux, il dit à l'enfant devant témoin et d'un accent théâtral :

— Je ne sais si nous nous reverrons, mon fils, car peut-être je suis voué à la mort. Mais si je suis frappé, tu sauras que j'ai succombé au service de mon empereur et roi.

Il y a lieu d'ajouter à ces détails, pour n'y pas revenir, que jusqu'à la rupture des relations entre l'Autriche et la Serbie, l'hôtel de la légation resta vide de ses habitants, qui tous couchaient hors de chez eux.

Les obsèques du ministre russe eurent lieu le 14 juillet et furent l'occasion d'une manifestation imposante. Derrière le cercueil et à la suite du prince régent, se pressait une foule énorme composée non seulement des habitants de la ville, mais encore de délégations civiles, religieuses et militaires accourues de tous les départements pour rendre hommage au défunt qui s'était toujours dévoué aux intérêts de la Serbie, et qui, dans la croyance populaire, était la victime d'une basse vengeance du gouvernement austro-hongrois.

Il est vraisemblable qu'on accusait à tort celui-ci; à la réflexion on eût dû comprendre que l'Autriche n'avait aucun intérêt à recourir à un crime. Mais dans les pays balkaniques, en Serbie surtout, les imaginations sont plus promptes à s'enflammer qu'elles ne le sont ailleurs. Encore aujourd'hui le peuple serbe est convaincu que M. de Hartwig est mort assassiné.

M. de Giesl et le personnel de sa légation n'avaient pu se dispenser d'assister aux obsèques, auxquelles ils étaient conviés comme tout le corps diplomatique, et sans doute s'attendaient-ils à quelque avanie. Mais leurs craintes ne se réalisèrent pas; la cérémonie s'acheva sans que se fût produit aucun incident fâcheux. Néanmoins l'événement n'était pas fait pour apaiser l'émotion et la colère qui régnaient dans le pays depuis qu'à la suite du drame de Serajevo, la presse austro-hongroise avait bruyamment laissé entendre que le gouvernement serbe en était l'auteur responsable et qu'à ce titre il méritait une leçon.

Lorsque le nouveau ministre de France, M. Boppe, débarquait à Belgrade dans la matinée du 25 juillet, cette émotion, loin de s'apaiser, n'avait cessé de grandir. Elle était à son comble depuis qu'on savait que l'avant-veille, à six heures du soir, le représentant de l'Autriche avait remis au cabinet de Belgrade l'arrogant ultimatum de son gouvernement et choisi pour faire cette démarche le moment où l'absence de M. Pachitch ne permettait pas une réponse immédiate. On remarquait avec amertume que le cabinet de Vienne avait profité de cette circonstance pour rendre en quelque sorte plus inacceptables les conditions outrageantes qu'il imposait à la Serbie, et pour abréger le délai de quarante-huit heures qu'il lui laissait pour y répondre. Il usait envers elle du système de perfidie et de ruse dont il venait d'user envers la France, en faisant connaître ses exigences à l'heure où le Président de la République et notre ministre des affaires étrangères n'étaient pas encore rentrés de leur voyage en Russie.

A Belgrade, l'ultimatum avait été reçu par M. Patchou, ministre des finances, qui remplaçait M. Pachitch. Quatre ministres sur huit avaient quitté Belgrade quelques jours avant pour aller visiter leurs électeurs en vue des élections générales, qui devaient avoir lieu la semaine suivante. Ce n'était pas avant vingt-quatre heures qu'ils pouvaient être de retour et se trouver réunis pour prendre une décision. M. Patchou fit remarquer à M. de Giesl ce qu'il y avait d'incorrect dans la manière de procéder du cabinet de Vienne :

— Non seulement vous ne nous laissez que deux jours pour examiner vos exigences et décider s'il nous est possible de les accepter, mais encore, en les formulant en l'absence de plusieurs de mes collègues et notamment du Président du Conseil, vous abrégez ce délai qui est à peine suffisant pour prendre connaissance de votre ultimatum.

L'observation était juste. M. de Giesl ne le contesta pas, mais il avait des ordres; il les exécutait et se contenta d'informer son interlocuteur qu'il quitterait Belgrade avec son personnel au cas où il n'aurait pas reçu une réponse satisfaisante dans le délai fixé.

Sa visite à la chancellerie serbe n'avait duré que quelques minutes ; quand il se fut retiré, M. Patchou se hâta de faire télégraphier à ses collègues absents afin de les inviter à rentrer d'urgence à Belgrade. Il envoyait en même temps un télégramme à toutes les légations royales à l'étranger pour leur faire part du grave incident qui venait de se produire. « Le gouvernement serbe, leur disait-il, n'a pris encore aucune décision, tous les ministres n'étant pas présents à Belgrade; mais, dès maintenant, je puis dire que ces réclamations sont telles qu'aucun gouvernement serbe ne pourrait les accepter en entier.»

Ce fut aussi le sentiment de M. Pachitch lorsque, rentré le lendemain, il eut pris connaissance de l'ultimatum. Après avoir conféré avec le prince régent et avec ses collègues, il télégraphiait au ministre de Serbie à Pétersbourg qu'il remettrait le lendemain samedi, avant six heures de l'après-midi, sa réponse à l'ultimatum austro-hongrois. Il en avait prévenu le chargé d'affaires russe.

« Je lui ai dit que le gouvernement serbe demandera aux États amis de protéger l'indépendance de la Serbie. Au cas où la guerre serait inévitable, ajoutai-je, la Serbie la fera. » Il écrivait dans le même sens au ministre de Serbie à Londres : « Les réclamations de l'Autriche-Hongrie sont telles que le gouvernement d'aucun pays indépendant ne pourrait les accepter en entier. » Il avait tenu un langage analogue au chargé d'affaires anglais à Belgrade ; mais en même temps il lui exprimait l'espoir que le gouvernement britannique pourrait agir auprès du gouvernement austro-hongrois pour que ce dernier atténuât ses réclamations. Il n'en restait pas moins, avouait-il, en proie à la plus vive inquiétude à cause des événements qui pourraient survenir. Aussi décidait-il le régent à écrire à l'empereur de Russie pour demander son assistance.

Après avoir rappelé à Nicolas II que le gouvernement serbe s'était empressé de désavouer et de condamner le crime de Serajevo, le prince Alexandre déclarait qu'il était prêt à ouvrir une enquête sur son territoire et à rechercher si la complicité de certains de ses sujets, déjà mis en cause, était véritablement effective. Cette intention, le cabinet de Belgrade ne l'avait jamais cachée ; aussi le prince avait-il le droit de protester contre la note austro-hongroise, tout en étant disposé à s'y soumettre. Il mandait à l'empereur :

« Nous sommes prêts à accepter les conditions

austro-hongroises dont l'acceptation nous sera conseillée par Votre Majesté. Toutes les personnes dont la participation à l'attentat sera démontrée seront sévèrement punies par nous. Certaines, parmi ces demandes, ne pourraient être exécutées sans des changements de notre législation, ce qui exige du temps. On nous a donné un délai trop court. Nous pouvons être attaqués après l'expiration du délai par l'armée austro-hongroise qui se concentre sur notre frontière. Il nous est impossible de nous défendre, et nous supplions Votre Majesté de nous donner son aide le plus tôt possible. »

Quelques jours après arrivait à Belgrade la réponse de l'empereur telle qu'on pouvait l'espérer. Il y était dit que le gouvernement impérial s'appliquait de toutes ses forces à aplanir les difficultés présentes.

« Je ne doute point, ajoutait l'empereur, que Votre Altesse et le gouvernement royal ne veuillent faciliter cette tâche en ne négligeant rien pour arriver à une solution qui permette de prévenir les horreurs d'une nouvelle guerre, tout en sauvegardant la dignité de la Serbie. Tant qu'il y a le moindre espoir d'éviter une effusion de sang, tous nos efforts doivent tendre vers ce but. Si malgré notre plus sincère désir nous ne réussissons pas, Votre Altesse peut être assurée qu'en aucun cas la Russie ne se désintéressera du sort de la Serbie. »

Ce langage ne laissait aucun doute sur l'attitude du cabinet de Saint-Pétersbourg ; il ne négligerait rien pour conjurer la guerre. Mais s'il n'y parvenait pas, il interviendrait par les armes afin de porter secours à la Serbie. C'en eût été assez pour faire reculer l'Autriche lorsque les intentions de l'empereur Nicolas lui eurent été communiquées, si elle ne s'était sentie soutenue par le cabinet de Berlin. Mais le plan concerté entre elle et l'Allemagne, s'inspirant de la conviction qu'elles ne pouvaient être vaincues, devait être exécuté jusqu'au bout.

La réponse de Nicolas II dans ces heures si douloureuses pour les patriotes serbes n'en constituait pas moins un puissant réconfort. C'est ainsi qu'ils la considérèrent : le 29 juillet, le diplomate russe, M. de Strandtman, chargé d'affaires à Nich, écrira à sa Cour : « J'ai communiqué à Pachitch le texte du télégramme responsif de Sa Majesté l'Empereur au prince Alexandre. Pachitch après avoir lu se signa et dit : « Seigneur ! le tsar est grand et clément ! » Ensuite il m'embrassa ne pouvant contenir l'émotion qui l'avait gagné. »

La scène est émouvante, elle permet de se figurer quelles étaient les espérances et les angoisses auxquelles était livré M. Pachitch et en quel état d'âme il se trouvait lorsque le 25, à onze heures du matin, on lui annonça le nouveau ministre de France. Heureux de le voir, il l'accueillit avec empressement et lui apprit que le gouvernement serbe s'était décidé, sur les pressants conseils de Pétersbourg et de Londres, à accepter toutes les réclamations austro-hongroises dans la mesure où il serait possible de le faire. Sa réponse était déjà rédigée. Tandis que ses secrétaires en préparaient la traduction française, il en indiqua le sens à M. Boppe en l'invitant à venir dans l'après-midi prendre connaissance du texte.

— Nous espérons, ajouta-t-il, que le gouvernement austro-hongrois, sauf dans le cas où il désirerait à tout prix la guerre, ne pourra qu'accepter la satisfaction complète que nous lui donnons.

L'espoir qu'il exprimait ainsi ne laissait pas d'être fragile et s'était singulièrement affaibli lorsque, M. Boppe étant revenu à quatre heures, il lui donna lecture de la réponse qu'on faisait à l'Autriche. Il était sans illusion sur l'accueil qu'elle recevrait de la part du ministre d'Autriche-Hongrie ; il avait la conviction qu'il ne s'en contenterait pas et quitterait Belgrade le soir même. Aussi faisait-il prendre toutes les dispositions pour que le gouvernement pût partir sans retard, car il craignait l'arrivée subite à Belgrade de l'armée autrichienne.

Maintenant les événements vont se précipiter ; ce n'est plus jour par jour qu'on peut les suivre, mais heure par heure et presque minute par minute. La réponse serbe est remise à la légation d'Autriche-Hongrie à cinq heures trois quarts. Sans avoir pris pour ainsi dire le temps de la lire, le baron de

Giesl y répond par une lettre que M. Pachitch reçoit à six heures. Le premier paragraphe est ainsi conçu :

« Monsieur le Président, étant donné que le délai fixé par la note que j'ai remise sur l'ordre de mon gouvernement à Son Excellence M. Patchou avant-hier, jeudi, à six heures de l'après-midi, a expiré, et que je n'ai pas reçu une réponse satisfaisante, j'ai l'honneur d'informer Votre Excellence que je quitte Belgrade ce soir avec le personnel de la légation impériale et royale. »

Il le fait ainsi qu'il l'a dit, et ce qui prouve que tout était préparé pour son départ et pour celui de son personnel, c'est qu'une demi-heure plus tard, à six heures et demie, maîtres, gens et bagages sont à la gare où ils prennent le train qui va les conduire à Semlin.

Cependant, au reçu de la réponse autrichienne dont le cynisme ne permet plus de se dissimuler avec quelle perfidie et quelle duplicité le gouvernementaustro-hongrois a préparé son coup, M. Pachitch fait prévenir toutes les légations que le gouvernement serbe a jugé nécessaire de quitter Belgrade le soir même et de se transporter à Nich, où il a convoqué la Skoupchtina pour le 30 juillet. Il sera heureux de voir le corps diplomatique s'y rendre également. Afin de lui faciliter le voyage, un train spécial sera mis à sa disposition à sept heures du soir. En même temps qu'ils sont ainsi prévenus, les représentants des puissances apprennent que le prince héritier a signé l'ordre de mobilisation de l'armée et que, le lendemain ou le surlendemain, paraîtra une proclamation par laquelle les citoyens qui ne sont pas militaires seront invités à rester tranquillement chez eux, et les militaires à rejoindre leurs drapeaux et à défendre la Serbie selon leurs forces au cas où elle serait attaquée.

Le corps diplomatique, qui selon l'usage est allé, à l'exception du ministre de France, lequel n'a pas été prévenu à temps, saluer M. de Giesl à son départ, se hâte de procéder à ses préparatifs pour partir à son tour, après avoir obtenu que le train qui doit l'emporter serait retardé jusqu'à dix heures. Le soir venu, la gare est littéralement prise d'assaut. La mobilisation ayant été décrétée, les mobilisables serbes commencent à répondre à l'appel. Ils ont tout envahi dans le train, même les wagons réservés. Il faut lutter pour se hisser dans les compartiments. On s'y entasse comme l'on peut, pêle-mêle avec les bagages, dans une confusion où l'on voit, pressés les uns contre les autres, assis sur les valises ou debout dans les couloirs, les ministres serbes, les ministres étrangers, les fonctionnaires des administrations du royaume, les secrétaires des légations. Dans un wagon archibondé, on remarque, en face du ministre de Bulgarie, le métropolitain de Belgrade, chef de l'Église serbe, que sa longue barbe blanche, son haut bonnet, sa croix pectorale enrichie de diamants désignent à tous les regards. Ailleurs, c'est le baron Griesinger, ministre d'Allemagne, assis entre plusieurs ministres serbes. Tel est le désordre qu'on ne peut partir qu'à minuit. De tout le gouvernement, il ne reste à Belgrade que M. Pachitch, qui a résolu de ne partir que le lendemain. Les habitants demeurés dans la ville s'étonnent et se félicitent de n'avoir pas vu arriver l'armée autrichienne dont quelques heures avant on redoutait la venue. Si elle s'était présentée au moment où on l'attendait, elle n'eût rencontré aucune résistance, rien n'étant préparé pour s'opposer à l'invasion, et elle eût empêché le départ des hommes mobilisables qui sont partis ce soir-là ou partiront le jour suivant pour rejoindre l'armée à qui est confiée la défense de la patrie.

Le lendemain matin, à huit heures, les voyageurs débarquaient à Nich et, chacun suivant pédestrement, à travers les rues de la petite ville, les chars sur lesquels étaient empilés les malles et valises, l'exode du gouvernement serbe conservait son caractère désordonné. Il fallut aux représentants des puissances quelque temps pour s'installer. Le Turc fit rouvrir son consulat fermé depuis la guerre balkanique ; l'Allemand se logea au consulat d'Autriche et y donna l'hospitalité à l'Italien ; le Grec s'établit chez des compatriotes, et le ministre de France prit domicile chez un riche bourgeois où, pendant un an et demi, deux ou trois pièces allaient être le siège de la Légation de la République.

La journée du 26 s'écoula dans l'attente des nouvelles de Belgrade qu'on supposait occupée déjà par les Autrichiens. Grande fut la surprise lorsqu'on sut le lendemain, par M. Pachitch qui arrivait avec le prince héritier, que l'armée impériale n'avait pas encore paru. C'était d'autant plus extraordinaire que, deux jours avant, le ministre de Serbie à Vienne, M. Jovanovitch, avait reçu du Ballplatz ses passeports à l'heure même où le baron de Giesl quittait Belgrade; cette rupture des relations diplomatiques ne pouvait être que le prélude des opérations militaires et on s'étonnait qu'elles ne fussent pas encore commencées. On ne fut fixé définitivement que le 28.

Vers une heure, pendant le déjeuner qui réunissait à l'hôtel d'Europe les membres du gouvernement, les hauts fonctionnaires, les représentants des puissances et les personnages de marque, on apporta un télégramme à M. Pachitch. C'était la déclaration de guerre signée par le comte Berchtold et expédiée de Vienne dès le matin, en même temps qu'elle était adressée au prince héritier, à son quartier général. M. Pachitch la communiqua à ses voisins non sans dissimuler qu'il hésitait à la prendre au sérieux, tant la forme en était inaccoutumée. Le Ballplatz prouvait une fois de plus que, résolu à faire disparaître la Serbie, il jugeait inutile de se conformer envers elle aux convenances et aux usages. Durant la nuit suivante, on apprit le bombardement de Belgrade par les Autrichiens. Mais on considéra que c'était une simple démonstration d'hostilité plus encore qu'une opération militaire ayant pour but immédiat la prise de la ville, l'ennemi n'ayant pu supposer qu'il s'en emparerait sans coup férir. D'autre part, on attendait la réponse du tsar, — elle arriva le même jour — on espérait fermement que la Russie n'abandonnerait pas les Serbes et il convenait, en attendant son intervention, de contenir l'ennemi par une résistance énergique. Le grand quartier général décida donc que Belgrade serait défendue. Les ordres furent si rapidement transmis que le même soir les canons placés à la citadelle répliquaient avec efficacité au tir de l'artillerie autrichienne.

On a vu que, dès le 25, la Skoupchtina avait été convoquée à Nich en session extraordinaire pour le 30. Les députés furent exacts au rendez-vous. Le discours du prince héritier, régent du royaume, fut acclamé, surtout lorsqu'il parla de la Russie. La session dura deux jours; la France et l'Angleterre y furent aussi l'objet d'ovations enthousiastes. Le nouveau représentant de la Grande-Bretagne était annoncé et il arriva en effet le 1er août. Dans le grand conflit qui se déchaînait de toutes parts en une suite de déclarations de guerre entre les États de la Triple-Entente et ceux de la Triple-Alliance, à l'exception de l'Italie, la Serbie recueillait la preuve qu'elle n'était pas abandonnée. Le 5 août, alors que l'incendie embrasait déjà toute l'Europe et s'allumait au Japon, allié de la Grande-Bretagne, les Serbes témoignaient de leur gratitude en faisant célébrer à la cathédrale orthodoxe de Nich un service religieux et en appelant les bénédictions du ciel, en même temps que sur leur armée, sur celles des puissances alliées. Le 7 août, le ministre d'Almagne recevait ses passeports et partait pour Sofia, Le 31 juillet, le ministre de Bulgarie était venu notifier à M. Pachitch que son gouvernement resterait neutre. Mais après qu'il se fut retiré, le Président du Conseil exprima des doutes sur la sincérité de cette attitude ; il prévoyait les tractations prochaines du souverain bulgare.

— Nous saurons ce que vaut sa parole quand on verra ses bandes à l'ouvrage, dit-il au ministre de France.

La période héroïque commençait pour la Serbie et devait se prolonger jusqu'au 20 octobre 1915, affectant peu à peu la physionomie d'un martyre. Elle débute par le refus de la Grèce de tenir ses engagements ; puis c'est la coalition monstrueuse des Bulgares et des Turcs venant seconder la ruée austro-hongroise contre le petit État que l'Autriche veut effacer de la carte européenne. A cette date du 20 octobre, la Serbie a tout perdu « fors l'honneur » ; elle est contrainte de quitter Nich et d'abandonner les lambeaux du territoire national qu'après quatorze mois d'une résistance acharnée elle conserve encore.

Ce que furent cette retraite, les souffrances qu'endurèrent les fugitifs, les angoisses inséparables d'une si poignante infortune, les atrocités que com-

14

mirent partout sur leur passage les ennemis victorieux, l'épuisement des vaincus, lorsqu'ils purent se flatter d'être sauvés, l'Histoire, mieux éclairée que nous ne le sommes à l'heure actuelle, le racontera quelque jour et, dans les annales serbes, ces récits formeront des pages immortelles, car jamais tant de malheurs ne furent supportés avec plus d'héroïsme. Que d'épisodes émouvants et douloureux elle pourra évoquer, qui pareront de plus de beauté cette incomparable épopée, tel par exemple celui où l'on verra le vieux roi Pierre I<sup>er</sup>, accourant une nuit à Topola, menacée déjà par les envahisseurs, afin de s'agenouiller une dernière fois dans l'église qu'il y faisait construire pour abriter la sépulture des Karageorgewitch, ou celui de son fils le prince héritier, ce jeune Alexandre opposant à leur infortune un indomptable héroïsme et une indestructible foi dans la victoire vengeresse! Sur ces souvenirs planeront les noms, désormais inoubliables, de quelques patriotes serbes, celui notamment du président Pachitch qui, par sa fermeté d'âme et son exemple, réconforta si souvent les courages et ne connut de défaillance que le jour où il dut constater avec désespoir que, les munitions, les engins de guerre, les ressources alimentaires étant épuisés et ne pouvant être renouvelés il n'était plus au pouvoir des soldats, quelle que fût leur vaillance, de défendre la patrie et d'en chasser l'envahisseur.

CHAPITRE X

# DANS LES CHANCELLERIES

La note autrichienne avait été remise à Belgrade le 23 juillet à la fin de l'après-midi. Le lendemain, dès le matin, les ambassadeurs d'Autriche-Hongrie dans les grandes capitales en apportaient une copie au gouvernement auprès duquel chacun d'eux était accrédité. A Paris, le ministre des Affaires étrangères par intérim se contenta de la recevoir, le représentant de l'Autriche n'y ayant ajouté aucun commentaire.

Mais il chargea le directeur politique du département de signaler à l'ambassadeur l'impression d'inquiétude que propageaient de toutes parts les informations parues dans la matinée et le sentiment pénible que ne manquerait pas d'éveiller, dans l'opinion française, le moment choisi pour une démarche si impérative et de si court délai ; c'est-à-dire l'heure où le Président de la République et le Président du Conseil, Ministre des Affaires étrangères de la République, avaient quitté Pétersbourg et se trouvaient en mer, par conséquent hors d'état d'exercer, d'accord avec les Puissances qui n'étaient pas directement intéressées, l'action apaisante si désirable entre la

Serbie et l'Autriche, dans l'intérêt de la paix générale.

Le Livre Jaune ne nous faisant pas connaître la réponse de l'ambassadeur à ces graves considérations, nous devons en conclure qu'il n'avait rien trouvé à répondre. Il n'aurait pu avouer, en effet, qu'il était, dans les limites de ses fonctions, le complice d'un véritable complot ourdi par l'Allemagne de concert avec l'Autriche pour rendre inévitable une conflagration générale. C'était bien un complot en effet et le Cabinet de Berlin allait lui-même en fournir la preuve. Son ambassadeur à Paris M. de Schœen se présentait au ministère des Affaires étrangères et donnait lecture à M. Bienvenu-Martin d'une note qui débutait en ces termes :

« Les déclarations des journaux austro-hongrois relatives aux circonstances dans lesquelles l'attentat sur la personne de l'héritier du trône d'Autriche et de son épouse a eu lieu, dévoilent nettement le but que la propagande panserbe s'était proposé et les moyens dont elle s'est servie pour l'atteindre. D'après les faits connus, il ne peut non plus y avoir aucun doute que c'est à Belgrade qu'il faut chercher le centre d'action des agitations qui tendaient à détacher de l'Autriche-Hongrie les provinces slaves du Sud pour les réunir au royaume de Serbie et que c'est là tout au moins que s'est développée son activité, avec la connivence de membres du Gouvernement et de l'armée. »

Dans la suite, il était dit que « le gouvernement allemand estimait que la question actuelle était une affaire à régler exclusivement entre l'Autriche-Hongrie et la Serbie et que les puissances ont le plus sérieux intérêt à la restreindre aux deux parties intéressées ». La pièce communiquée ainsi se terminait par ces mots : « le gouvernement allemand désire ardemment que le conflit soit localisé, toute intervention d'une autre puissance devant, par le jeu naturel des alliances, provoquer des conséquences incalculables ». Sans relever ce que ces dernières lignes présentaient de menaçant et presque de provocateur, le ministre français demanda à l'ambassadeur de lui laisser copie de sa dépêche. L'ambassadeur s'y refusa et consentit seulement à recommencer sa lecture.

Le même jour, le ministre recevait de Berlin un télégramme de M. Jules Cambon où nous trouvons la preuve de l'activité avec laquelle, dans la capitale allemande, on s'efforçait d'envenimer le conflit. Pendant que l'ambassadeur d'Autriche en Allemagne répétait avec affectation que son gouvernement ne pouvait rien retrancher de ses exigences, à la Wilhelmestrasse ainsi que dans la presse on tenait le même langage. Aussi ne peut-on s'étonner que l'espoir d'une issue pacifique allât sans cesse en décroissant. « Le chargé d'affaires de Russie, écrivait M. Jules Cambon, a remarqué avec amertume que l'Autriche avait remis sa Note au moment même où le Président de la République et le Président du Conseil avaient quitté Pétersbourg. Il incline à penser qu'une grande partie de l'opinion en Allemagne souhaite la guerre et voudrait saisir cette occasion, dans laquelle l'Autriche se montrera sans doute plus unie que par le passé et où l'empereur d'Allemagne, par un sentiment de solidarité monarchique et par horreur de l'attentat, est moins porté à se montrer conciliant.

« M. de Jagow doit me recevoir à la fin de l'après-midi ».

En se rencontrant avec le ministre allemand, M. Jules Cambon exprima la crainte que la démarche autrichienne n'entraînât des conséquences irréparables et désastreuses.

— Je m'attends bien à un peu d'émotion de la part des amis de la Serbie, répondit M. de Jagow; mais je compte qu'ils lui donneront de bons conseils.

— Je ne doute pas, répliqua l'ambassadeur de France, que la Russie fasse effort auprès du Cabinet de Belgrade pour l'amener aux concessions acceptables ; mais ce qu'on demande à l'un pourquoi ne pas le demander à l'autre, et si l'on compte que des conseils seront donnés à Belgrade, n'est-il pas légitime de compter que, d'un autre côté, des conseils seront aussi donnés à Vienne?

— Cela dépend des circonstances, se laissa aller à dire M. de Jagow.

Se reprenant aussitôt, il répéta que l'affaire devait être localisée.

De ce qu'il voyait et entendait, M. Jules Cambon tirait cette conclusion que l'Allemagne se disposait à appuyer d'une façon singulièrement énergique l'attitude de l'Autriche. « La faiblesse, manifestée depuis quelques années par l'alliée austro-hongroise, diminuait la confiance que l'on avait ici en elle. On la trouvait lourde à traîner. Les mauvais procès, comme l'affaire d'Agram et l'affaire Friedjung, rendaient sa police odieuse en la couvrant de ridicule. On ne lui demandait que d'être forte, mais l'on est satisfait qu'elle soit brutale ».

En terminant cette dépêche suggestive l'ambassadeur français faisait remarquer qu'il était frappant de voir le soin avec lequel M. de Jagow et tous les fonctionnaires placés sous ses ordres affectaient de dire à tout le monde qu'ils ignoraient la portée de la Note autrichienne remise à la Serbie. Telle n'était pas d'ailleurs l'opinion de la diplomatie européenne : l'ambassadeur russe à Londres, le comte Benckendorff, semblait convaincu que l'Autriche n'aurait pas envoyé son ultimatum sans un accord préalable avec Berlin ; il le disait à l'ambassadeur de France, M. Paul Cambon ; il lui confiait même que l'ambassadeur d'Allemagne lui avait témoigné le mois précédent à son retour de congé des vues pessimistes au sujet des rapports entre Pétersbourg et Berlin. Il avait noté l'inquiétude causée dans cette dernière capitale par les bruits d'entente navale entre la Russie et l'Angleterre, par la visite du Tzar à Bucarest et par le renforcement de l'armée russe. Le comte Benckendorff en avait conclu qu'on envisagerait volontiers en Allemagne une guerre avec la Russie. M. Paul Cambon disait en répétant ces propos : « Le Sous-Secrétaire d'État a été frappé, comme nous tous, de l'air soucieux du prince Lichnowsky depuis son retour de Berlin et il pense que si l'Allemagne l'avait voulu, elle aurait pu empêcher la remise de l'ultimatum ». A la même date, le ministre de Belgique à Berlin, le baron Beyens, ne pensait pas autrement que ses collègues.

Au surplus, personne ne se faisait illusion quant aux mauvais desseins du Cabinet de Berlin. A Londres, l'ambassadeur d'Allemagne, quand on lui demande d'inviter son gouvernement à donner à Vienne des conseils de modération, déclare que celui-ci refuse de s'immiscer dans le conflit qui divise l'Autriche et la Serbie. Et comme le ministre anglais Sir E. Grey lui fait remarquer que sans le concours de l'Allemagne à Vienne l'Angleterre ne saurait agir à Pétersbourg et que, si cependant l'Autriche et la Russie mobilisaient toutes deux, ce serait bien l'occasion d'une intervention des autres puissances, il répond qu'alors peut-être son gouvernement ne refuserait pas de se joindre à l'Angleterre, à la France et à l'Italie parce qu'il ne s'agirait plus de difficultés entre Vienne et Belgrade mais d'un conflit entre Vienne et Pétersbourg. Mais à l'accent de cette réponse, on devine que ce sont là des propos en l'air et que l'Allemagne est décidée à ne prêcher l'apaisement ni sous une forme ni sous une autre. Il est si vrai que, sur ce point, elle est d'accord avec l'Autriche que lorsque le chargé d'affaires de Russie à Vienne demande au cabinet autrichien d'accorder un délai à la Serbie et de modifier en ce sens son ultimatum, on lui répond par un refus. Lorsqu'il objecte que donner à juger des griefs avec pièces justificatives sans laisser le temps d'étudier le dossier est contraire à la courtoisie internationale, on lui réplique « que parfois l'intérêt dispense d'être courtois ».

Ainsi, dès ce moment, l'effort collectif des Puissances vient se briser contre la volonté latente de ne pas laisser le conflit se dénouer pacifiquement. Nous allons voir cette volonté s'accentuer et devenir plus visible à la faveur d'un coup de théâtre qui se produit presque subitement dans la journée de 25 juillet. Ce jour-là arrive à Vienne la réponse serbe à la Note du gouvernement austro-hongrois et par les soins du Cabinet de Belgrade le résumé en est communiqué à toutes les Puissances. Mais on ne le reçoit à Paris que le 26, avec vingt heures de retard.

Il constitue la preuve de la docilité avec laquelle le gouvernement de Serbie a suivi les conseils qui lui étaient donnés de Saint-Pétersbourg, de Paris, de Londres et de Rome. Sauf de petites réserves, il cède sur tous les points et il se soumet aux exigences dont il est l'objet. Il semble dès lors que le conflit va se dénouer. Aussi est-on péniblement surpris dans ces capitales en apprenant que sans attendre cette réponse le gouvernement austro-hongrois a rompu les relations. On y voit la preuve qu'il veut procéder à la rapide exécution de ses menaces et que les concessions qui lui sont faites ne le désarment pas.

Quelle est en ces circonstances l'attitude de l'Allemagne ?

Si la Russie, la France et l'Angleterre ont déterminé par leurs pressants conseils le Cabinet de Belgrade à céder et ont par conséquent rempli leur rôle, il n'en est pas de même du Cabinet de Berlin. Il est seul en situation de parler efficacement à Vienne, il s'obstine à ne pas parler, tout en déclarant qu'il a déjà parlé et qu'il parlera. Mais en dépit de ses assurances, il reste inactif et lorsqu'on lui demande d'intervenir auprès du gouvernement austro-hongrois, il répond que c'est à Saint-Pétersbourg que doivent être adressés les conseils et qu'il appartient à l'Angleterre et à la France de les formuler. Ce mauvais vouloir va constituer jusqu'à la déclaration de guerre toute la politique du Cabinet de Berlin. Quant au gouvernement russe, il continue avec une louable persévérance à rechercher les moyens de faire prévaloir une solution pacifique. L'échec successif des diverses combinaisons proposées par les Cabinets de Paris et de Londres ne le décourage pas. Son ministre des Affaires étrangères, M. Sazonoff, dit à l'ambassadeur de France :

— Jusqu'au dernier moment je me montrerai prêt à négocier.

C'est dans cet esprit qu'il convie l'ambassadeur d'Autriche-Hongrie à une franche et loyale explication. Article par article, il commente devant lui l'ultimatum austro-hongrois et fait ressortir le caractère injurieux des principales clauses :

— L'intention qui a inspiré ce document, lui dit-il, est légitime si vous n'avez poursuivi d'autre but que de protéger votre territoire contre les menées des anarchistes serbes. Mais le procédé auquel vous avez recouru n'est pas défendable. Reprenez votre ultimatum, modifiez-en le texte et je vous garantis le résultat.

Convaincu bientôt que, sous cette forme, il n'obtiendra rien, il invite son ambassadeur à Vienne à proposer au ministre autrichien, le comte Berchtold, l'ouverture d'une conversation directe entre Vienne et Pétersbourg. A ce moment, on ne saurait espérer que cette proposition sera accueillie, car l'attitude de l'Allemagne et de l'Autriche démontre clairement qu'elles ne veulent pas se prêter aux démarches qui faciliteraient un accord. Cependant elles ne peuvent se dissimuler que leur résistance à tout arrangement répand dans le monde les plus vives alarmes et fait soupçonner l'Autriche, comme le dit Sir Ed. Grey, de n'avoir pas poursuivi seulement le règlement des questions mentionnées dans sa Note du 23 juillet, mais encore et surtout l'écrasement d'un petit État.

Cependant les avertissements ne lui font pas défaut. Le ministre anglais, notamment, ne manque pas de faire remarquer à l'ambassadeur d'Allemagne que, si ce soupçon était fondé, se poserait une question européenne et il s'en suivrait une guerre à laquelle d'autres puissances seraient amenées à prendre part. Pour prouver que ce n'est point là de vaines paroles, le gouvernement de la Grande-Bretagne qui, dès le début du conflit, avait résolu secrètement d'arrêter la démobilisation de sa flotte, rend publique cette mesure qui laisse prévoir que, contrairement à l'opinion des diplomates allemands et autrichiens qui semblent être sûrs que l'Angleterre en cas de conflit, garderait la neutralité, elle entend rester libre d'intervenir au cas où elle le jugerait utile. Mais il semble bien qu'à Berlin et à Vienne on met en doute une telle intention. Vienne veut écraser la Serbie; Berlin veut écraser la France, et ce double désir ardent et partagé par les deux intéressées, rend sourdes à ces avertissements les deux puissances. Dès lors s'imposera aux gouvernements de la Triple-Alliance la présomption que si elles attaquaient la France et marchaient contre la Serbie, elles trouveraient devant elles la Russie et l'Angleterre.

La déception qu'elles se préparent fatalement ne sera pas la seule qu'elles éprouveront. Déjà, l'année précédente, leur alliée l'Italie, en réponse à des propositions que M. Giolliti, premier ministre à Rome, révélera plus tard, l'Italie a déclaré qu'elle ne prêterait pas les mains à cette politique. Mais à Berlin et à Vienne, on paraît croire que ce n'est pas le dernier mot du Quirinal et qu'au dernier moment il restera fidèle à la Triple-Alliance. Le 27 juillet, qui marque le point culminant de la crise, cette espérance est déçue. L'ambassadeur de France en Italie ayant demandé au ministre italien, le marquis de San Giuliano, s'il a eu préalablement connaissance de la Note autrichienne, répond négativement. Il savait bien que cette Note était en préparation et qu'elle devait avoir un caractère rigoureux et énergique ; mais il ne s'était pas douté qu'elle dût prendre une telle forme.

— Je lui ai demandé, ajoute M. Barrère, s'il était vrai comme le prétendent certains journaux, qu'il ait fait exprimer à Vienne une approbation de l'action autrichienne et l'assurance que l'Italie remplirait, à l'égard de l'Autriche, ses devoirs d'alliée.

— En aucune façon, m'a répondu le ministre ; nous n'avons pas été consultés, on ne nous a rien dit ; nous n'avons donc eu à faire à Vienne aucune communication de cette nature.

C'est le prélude de la décision qu'elle va faire bientôt connaître à ses alliés et qui leur signifiera sa volonté de rester neutre dans la conflagration qui devient de plus en plus inévitable. Le traité d'alliance qui la lie à eux ne l'engage qu'autant qu'ils seraient attaqués. Mais comme il n'est pas douteux qu'ils ont pris l'offensive, elle ne leur doit rien. En revanche, elle continuera à faire tous ses efforts en faveur de la paix et elle le prouvera en adhérant sans hésiter à la proposition de Sir Ed. Grey de réunir à Londres les ambassadeurs des puissances qui ne sont pas directement intéressées dans le conflit austro-serbe.

Cette proposition, on se le rappelle, tendait à une action commune de l'Angleterre, de l'Allemagne, de la France et de l'Italie à Vienne, Belgrade et Pétersbourg pour arrêter les opérations militaires actives pendant qu'à Londres les représentants de ces puissances examineraient les moyens de trouver une solution aux complications du moment. Elle avait été formulée le 27 et le même jour tous les gouvernements y adhéraient sauf l'Allemagne. A Berlin, M. de Jagow déclarait à M. Jules Cambon qu'elle était inacceptable « parce que ce serait instituer une véritable conférence pour traiter les affaires de l'Autriche et de la Russie. » La dépêche par laquelle l'ambassadeur de France rendait compte à son gouvernement de l'entretien qu'il venait d'avoir avec le ministre allemand, nous permet de le reconstituer, ce qui est d'autant plus nécessaire qu'il nous montre celui-ci dans l'attitude dilatoire sous laquelle ne se dissimulait qu'imparfaitement la volonté de faire échec à toute entreprise en faveur de la paix.

M. de Jagow ayant déclaré, comme on vient de le voir, qu'il ne pouvait entrer dans les vues de Sir Ed. Grey, M. Jules Cambon exprima le regret que lui causait cette réponse, et ajouta que le grand objet qu'avait en vue Sir Ed. Grey dépassait une question de forme.

— Ce qui importe, poursuivit-il, c'est l'association de l'Angleterre et de la France avec l'Allemagne et l'Italie pour travailler à une œuvre de paix ; elle peut se manifester par des démarches communes à Pétersbourg et à Vienne. Vous m'avez souvent exprimé le regret de voir les deux groupes d'alliance toujours opposés l'un à l'autre en Europe. Eh bien, voici une occasion de prouver qu'il y a un esprit européen en montrant quatre puissances appartenant aux deux groupes, agissant d'un commun accord pour empêcher un conflit.

L'argument était décisif ; mais M. de Jagow s'y déroba :

— L'Allemagne a des engagements avec l'Autriche, objecta-t-il.

— Vos rapports avec l'Autriche, répliqua M. Jules Cambon, ne sont pas plus étroits que ceux de la France avec la Russie et je vous fais remarquer que c'est vous qui, dans l'espèce, mettez en opposition les deux groupes d'alliance.

— Je ne me refuse pas à agir pour écarter le conflit austro-russe ; mais je ne peux intervenir dans le conflit austro-serbe.

— L'un est la conséquence de l'autre, et il importe d'empêcher qu'il survienne un état de faits nouveaux de nature à amener une intervention de la Russie.

M. de Jagow ne trouvant rien à répondre répéta que l'Allemagne avait des engagements envers l'Autriche : — Je suis obligé de les tenir.

— Mais vous êtes-vous engagé à la suivre partout les yeux bandés? s'écria l'ambassadeur.

Et comme son interlocuteur gardait le silence, il reprit : — Avez-vous pris connaissance de la réponse de la Serbie à l'Autriche, que le chargé d'affaires serbes vous a remise ce matin?

— Je n'en ai pas encore eu le temps.

— Je le regrette. Vous verriez que, sauf sur des points de détail, la Serbie se soumet entièrement. Il semble donc que, puisque l'Autriche a obtenu les satisfactions que votre appui lui a procurées, vous pouvez aujourd'hui lui conseiller de s'en contenter ou d'examiner avec la Serbie les termes de la réponse de celle-ci.

M. de Jagow, poussé de la sorte dans ses derniers retranchements, ne parvenait plus à dissimuler son embarras, résultant de l'impossibilité en laquelle il se trouvait de dire toute sa pensée.

— Mais enfin, reprit son interlocuteur, est-ce la guerre que vous voulez ?

Cette question imprima à son accent plus de vivacité. Jagow protesta :

— Je sais que c'est là votre pensée ; mais c'est tout à fait inexact.

— Il faut donc agir en conséquence. Quand vous lirez la réponse serbe, pesez-en les termes avec votre conscience, je vous en prie au nom de l'humanité et n'assumez pas personnellement une part de responsabilité dans les catastrophes que vous laissez préparer.

Cette fois, le secrétaire d'Etat allemand parut s'émouvoir. Il protesta de nouveau de son désir de conjurer la guerre, se déclarant prêt à s'unir à la Grande-Bretagne et à la France dans un effort commun, mais qu'il fallait trouver à cette intervention une forme qu'il pût accepter et que les cabinets devaient s'entendre à ce sujet. Puis faisant allusion à l'efficacité des conversations directes entamées entre Vienne et Pétersbourg, il daigna dire qu'il en augurait beaucoup de bien. Mais son interlocuteur avait déjà lu dans sa pensée et ne se laissa pas tromper par ce langage hypocrite. Aussi, au moment de le quitter, il lui dit :

— J'avais eu l'impression ce matin que l'heure de la détente avait sonné, mais je vois qu'il n'en est rien.

— Vous vous trompez, vous vous trompez, affirma M. de Jagow. J'espère que les choses sont en bonne voie et peut-être aboutiront rapidement.

— Alors agissez à Vienne pour qu'elles marchent vite. Il importe de ne pas se laisser créer en Russie un de ces courants d'opinion qui emportent tout.

Ce fut le dernier mot de cet entretien qui n'était pas fait pour dissiper les doutes de l'ambassadeur quant à la sincérité des propos qu'il venait d'entendre. En terminant la dépêche où ils sont consignés, il invitait son gouvernement à conseiller au cabinet de Saint-James de renouveler sa proposition sous une autre forme de manière à enlever à l'Allemagne tout prétexte pour refuser de s'y associer. Mais l'Allemagne était irréductible; son siège était fait et à la date où nous sommes arrivés, le système en lequel elle se retranchait pour faire échouer successivement toutes les tentatives pacifiques ne pouvait plus guère se dissimuler.

Tous les yeux se tournaient vers elle, tout le monde comprenant bien que d'elle seule dépendait le maintien de la paix et qu'un mot prononcé par l'empereur Guillaume suffirait pour arrêter aux frontières serbes les armées austro-hongroises. Mais ce mot n'étant pas prononcé, l'attitude de l'Allemagne autorisait toutes les appréhensions.

A Bruxelles elles étaient très vives. Là comme partout on considérait comme invraisemblable que l'Autriche eût pris une initiative la conduisant, suivant un plan préconçu, à une déclaration de guerre sans accord préalable avec l'empereur Guillaume. On soupçonnait celui-ci de se préparer à intervenir brusquement en jetant ses armées sur la France. En faisant part de ce soupçon au Cabinet de Paris, le ministre de France à Bruxelles, M. Klobukowski, mentionnait que telle était aussi l'opinion de ses collègues de Russie et d'Angleterre. La question se posait alors pour la Belgique de savoir si les belligérants respecteraient sa neutralité, que son gouvernement était d'ailleurs résolu à défendre. Dans ce but, il décidait le 29 juillet, de mettre son armée sur le pied de paix renforcée, mesure de prudence qu'il ne fallait pas confondre avec la mobilisation. Du côté de la France, le gouvernement belge était déjà rassuré par une déclaration qu'était venu lui faire spontanément d'abord, puis une seconde fois sur l'ordre de son gouvernement, le représentant de la République : « aucune incursion des troupes françaises n'aura lieu en Belgique, avait affirmé ce diplomate. La France ne veut pas avoir la responsabilité d'accomplir vis-à-vis de la Belgique le premier acte d'hostilité. » Une assurance analogue avait été donnée au gouvernement anglais par M. Paul Cambon, ambassadeur de France à Londres. Le gouvernement français ne modifierait son attitude que si le souci de sa propre défense l'y contraignait.

Objet de questions analogues de la part de l'Angleterre et de la Belgique, le gouvernement allemand refusait de répondre, afin, disait-il, de ne pas dévoiler ses plans militaires, mais il laissait parler son représentant, M. de Belowe-Saleske. Celui-ci s'ingéniait à bercer les illusions du cabinet de Bruxelles en lui prodiguant des assurances personnelles quant aux intentions de l'Allemagne, que d'ailleurs il évitait d'engager.

Quelque ambiguë que fut cette attitude, M. Davignon, ministre des affaires étrangères de Belgique, restait convaincu de la loyauté des Allemands. Le ministre d'Angleterre lui ayant demandé ce que ferait la Belgique en cas d'agression allemande :

— C'est là, répondit-il, une éventualité qui, ne

pouvant se produire, n'a pas été envisagée par le gouvernement.

— Mais encore ?

— Le gouvernement belge a pleine confiance dans la parole de l'Allemagne, conclut-il.

Aussi bien la Belgique, non plus que son ministre, ne croyait à la violation de son territoire. Outre les assurances formelles du représentant de la France et les déclarations moins catégoriques il est vrai, du représentant de l'Allemagne, elle pensait que cette dernière ayant à faire front à l'est contre la Russie, à l'ouest contre la France, ayant, de plus, à protéger sa frontière contre une attaque possible de la flotte britannique, ne voudrait pas ajouter à ces difficultés celles d'un mouvement tournant à travers un territoire neutralisé, défendu par des forteresses puissantes et par une armée de deux cent mille hommes, dont la résistance enlèverait à l'assaillant le bénéfice d'une attaque brusquée.

Cependant le jour même où avait lieu cette conversation entre le ministre d'Angleterre et M. Davignon, arrivait à Bruxelles un télégramme envoyé de Londres, portant que l'ambassadeur britannique à Berlin ayant demandé à von Jagow si l'Allemagne était résolue à respecter la neutralité belge, le secrétaire d'Etat avait déclaré n'être pas à même de répondre. Aveuglé par sa bonne foi, le cabinet de Bruxelles refusa de croire à l'authenticité de cette dépêche. Il était d'autant plus autorisé à n'y pas croire, qu'à une question posée à M. de Below par un journaliste sur le point de savoir s'il avait déclaré, comme on le racontait, que les Allemands ne franchiraient pas la frontière, il avait répondu par des paroles catégoriques et rassurantes :

— Je n'ai pas fait cette déclaration et personnellement, j'estime que je n'avais pas à la faire. L'idée a toujours prévalu chez nous que la Belgique ne serait pas violée. Si le ministre de France a fait cette déclaration, c'est que sans doute il a voulu ajouter à la constatation de faits évidents quelques paroles rassurantes. Les troupes allemandes ne traverseront pas le territoire belge. Des événements graves vont se dérouler. Peut-être verrez-vous brûler le toit de votre voisin. Mais l'incendie épargnera le vôtre.

Après avoir tenu mensongèrement ce langage, à la date du 2 août, M. de Below s'élevait avec indignation, dans la journée du 3, contre deux autres dépêches parvenues à Bruxelles pendant la nuit précédente, annonçant que l'Allemagne avait déclaré la guerre à la Russie et à la France.

« Ces nouvelles sont absolument fausses, faisait-il téléphoner aux journaux, et nous vous prions de les démentir à l'instant même dans le caractère typographique le plus visible. »

Il niait de même qu'un régiment de ligne allemand fût entré à Luxembourg.

— Cette nouvelle est aussi fausse que les précédentes ; elles sont toutes répandues par des gens qui veulent égarer l'opinion belge et l'exciter contre l'Allemagne.

Tandis qu'instrument servile de la scélératesse teutonne, M. de Below s'empêtrait de plus en plus dans ses mensonges, le ministre russe à Bruxelles avait en mains la déclaration de guerre envoyée de Berlin à Saint-Pétersbourg ; le ministre de France recevait notification de la rupture des relations diplomatiques entre Paris et Berlin et le Grand-Duché était envahi par l'armée impériale ; la résolution était prise par l'état-major allemand de marcher rapidement sur la France en traversant la Belgique ; déjà même il prenait des mesures dans ce sens et le 2 août, sous le prétexte, forgé de toutes pièces pour les besoins de sa cause, que les Français avaient l'intention de marcher sur la Meuse par Givet et Namur et qu'en ce cas il était à craindre que la Belgique ne fût impuissante à arrêter cette marche, il était décidé à violer la neutralité belge pour empêcher la France de le faire.

Là encore tout était hypocrisie et mensonge. Les assurances données par la France à Londres et à Bruxelles la mettaient au-dessus d'un tel soupçon et l'Allemagne, pour justifier à l'avance ses propres intentions, lui en attribuait d'analogues au mépris de la vérité.

Le caractère déloyal de sa conduite en cette circonstance ressort clairement de la note que le Cabinet de Berlin faisait remettre le 2 août à celui de Bruxelles, alors qu'il ne pouvait mettre en doute la ferme volonté de la Belgique de résister par les armes à toute tentative d'invasion :

« Le Gouvernement allemand regretterait très vivement que la Belgique regardât comme un acte d'hostilité contre elle le fait que les mesures des ennemis de l'Allemagne l'obligent de violer aussi, de son côté, le territoire belge.

« Afin de dissiper tout malentendu le Gouvernement allemand déclare ce qui suit :

« 1. L'Allemagne n'a en vue aucun acte d'hostilité contre la Belgique. Si la Belgique consent dans la guerre qui va commencer à prendre une attitude de neutralité amicale vis-à-vis de l'Allemagne, le Gouvernement allemand de son côté s'engage, au moment de la paix, à garantir l'intégrité et l'indépendance du Royaume dans toute leur ampleur.

« 2. L'Allemagne s'engage sous la condition énoncée à évacuer le territoire belge aussitôt la paix conclue.

« 3. Si la Belgique observe une attitude amicale, l'Allemagne est prête, d'accord avec les autorités du Gouvernement belge, à acheter contre argent comptant tout ce qui est nécessaire à ses troupes et à indemniser pour les dommages quelconques causés en Belgique par les troupes allemandes

« 4. Si la Belgique se comporte d'une façon hostile contre les troupes allemandes et particulièrement fait des difficultés à leur marche en avant par la résistance des fortifications de la Meuse ou par des destructions de routes, chemins de fer, tunnels ou autres ouvrages d'art, l'Allemagne sera obligée, à regret, de considérer la Belgique en ennemie.

« Dans ce cas l'Allemagne ne pourrait prendre aucun engagement vis-à-vis du royaume, mais elle devrait laisser le règlement ultérieur des rapports des deux États l'un vis-à-vis de l'autre à la décision des armes. Le Gouvernement allemand a le ferme espoir que cette éventualité ne se produira pas et que le Gouvernement belge saura prendre les mesures appropriées pour empêcher que des faits comme ceux qui viennent d'être mentionnés ne se produisent. Dans ce cas les relations d'amitié qui unissent les deux États voisins seront maintenues d'une façon durable. »

A cet ultimatum qui mettait la Belgique en demeure de se prononcer dans la matinée du 3 août avant sept heures, il n'était qu'une réponse possible. Elle est résumée dans ces quelques lignes détachées de la note que le même jour le Gouvernement belge adressait à ses représentants à l'étranger :

« Nous avons répondu que l'atteinte à notre neutralité serait une violation flagrante du droit des gens. L'acceptation de la proposition allemande sacrifierait l'honneur de la nation. Consciente de son devoir, la Belgique est fermement décidée à repousser une agression par tous moyens. »

L'ultimatum allemand et la fière réponse qui y fut faite, lorsque, quelques instants plus tard, ils furent connus de la population, y causèrent le plus violent émoi. L'outrage infligé à l'amour-propre national surexcitait les esprits et partout dans la capitale s'organisaient des manifestations hostiles à l'Allemagne. Fût-ce par ordre ou par crainte que M. de Below essaya de calmer l'opinion? On ne sait, mais, le même soir, à neuf heures, il faisait publier une note soi-disant explicative. Il n'avait, à l'en croire, demandé que l'octroi de certaines facilités pour le cas où l'armée allemande serait obligée de traverser le royaume.

« Si la traversée de la Belgique devenait nécessaire, disait-il, on ne pourrait y voir qu'une simple mesure de stratégie. L'Allemagne n'a jamais eu, n'a pas l'intention de faire le moindre mal à la Belgique. Bien au contraire, les sentiments de l'Allemagne envers la Belgique continueront à être empreints de la même sympathie et de la même cordialité. Si les Allemands traversent la Belgique, ce sera uniquement parce qu'ils y auront été obligés par l'attitude de l'adversaire.

« Nous avons demandé l'usage des routes belges et le libre passage, parce que nous sommes sûrs que l'ennemi est massé, de l'autre côté, sur la ligne Givet-Namur. Notre état-major en a été averti tout dernièrement ; et c'est contre un mouvement français qui menaçait notre aile droite et pourrait être très dangereux pour notre mobilisation que nous avons été obligés de faire notre demande. Nous n'avons nullement l'intention de violer la neutralité belge. »

C'était toujours le même système de fourberie, avec cette nuance que, cette fois, on laissait entendre que même sur le terrain de l'honneur, il est des accommodements et que la porte restait ouverte à une entente. Mais la diplomatie allemande ne pouvait plus tromper personne, et reconnaissant son impuissance à faire plus longtemps des dupes, son représentant en Belgique, le 4 août, à neuf heures du matin, remettait au ministère belge la lettre dans laquelle il annonçait que « par suite du refus du gouvernement royal, le gouvernement impérial se voyait contraint d'exécuter par la force des armes les mesures de sécurité indispensables vis-à-vis des menaces françaises ».

A dix heures, le Parlement entrait en séance et, après des discours du roi et du président du conseil, votait les dispositions défensives qui lui étaient soumises. A une heure, on apprenait la prise de Visé par les troupes allemandes et leur marche sur Liège. Dans la soirée, à dix heures, le gouvernement royal faisait appel à la garantie des puissances.

De son côté le roi Albert confirmait l'appel de son gouvernement par une dépêche adressée personnellement à Georges V d'Angleterre :

« Me souvenant des nombreuses marques d'amitié de Votre Majesté et de ses prédécesseurs, de l'attitude amicale de l'Angleterre en 1870, et de la preuve de sympathie qu'elle vient encore de nous donner, je fais un suprême appel à l'intervention diplomatique du Gouvernement de Sa Majesté pour la sauvegarde de la neutralité de la Belgique. »

A cet appel le Gouvernement anglais répondait en ces termes, à la date du 4 août :

« Le Gouvernement de S. M. Britannique, dans ce cas, est prêt à se joindre à la Russie et à la France, si la Belgique le désire, pour offrir au Gouvernement belge sans délai une action commune, qui aurait comme but de résister aux mesures de force employées par l'Allemagne contre la Belgique et en même temps d'offrir une garantie pour maintenir l'indépendance et l'intégrité de la Belgique dans l'avenir. »

Mais déjà les Allemands avaient franchi la frontière belge à Gemminich après avoir traversé le grand-duché de Luxembourg, sans coup férir d'ailleurs, ce petit pays étant hors d'état de leur résister et ayant dû courber la tête devant ce qu'il ne pouvait empêcher. Cette brusque invasion de la Belgique ne surprenait personne, elle était depuis longtemps préparée, comme d'ailleurs toutes les opérations de guerre qui maintenant allaient se dérouler en exécution du plan de l'état-major allemand.

---

CHAPITRE XI

# LA GUERRE

La journée du 25 juillet n'avait été à Vienne ni moins émouvante ni moins agitée que dans les diverses chancelleries européennes. Depuis vingt-quatre heures, la réponse serbe à la note autrichienne était anxieusement attendue. Dans la matinée, l'ambassadeur britannique, Sir Maurice de Bunsen, télégraphiait à Sir Edward Grey que l'Autriche ne croyait pas que la Serbie fût disposée à se soumettre et qu'au fond elle ne le désirait pas. « On annonce officiellement, ajoutait-il, que le ministre autrichien a reçu pour instruction de quitter Belgrade avec le personnel de la légation, à moins d'acceptation sans réserve de la note avant six heures aujourd'hui. » Nous saisissons là sur le vif la preuve que le baron de Giesl, en se livrant au procédé incorrect et brutal raconté plus haut, qui caractérise sa conduite en ces circonstances, n'avait fait qu'obéir à des ordres formels et que tout était combiné d'avance au Ballplatz pour inciter la Serbie à protester et à rebondir sous l'injure.

Dans la journée, il y eut un peu de détente et les appréhensions furent moins vives. Les communications faites dès le matin par M. Pachitch aux représentants des Etats amis de la Serbie à Belgrade et au ministre serbe à Vienne, M. Jovanovitch, laissaient espérer que sa réponse équivaudrait, sauf de rares réserves, à une soumission pure et simple aux exigences signifiées à son gouvernement. Tout espoir d'arrangement n'était donc pas perdu. Mais ce ne fut qu'une éclaircie. On apprenait dans la soirée que le baron de Giesl venait de quitter Belgrade et que le comte Berchtold, rentré d'Ischl depuis l'avant-veille, y retournait pour communiquer à l'empereur François-Joseph la réponse serbe. Il était parti avant d'en avoir reçu le texte ; mais on devait le lui adresser télégraphiquement dès qu'il aurait été transmis au Ballplatz, et il pourrait en conférer sans retard avec son souverain.

Si l'on veut se rappeler qu'au moment où il allait ainsi prendre les ordres de l'empereur, des faits irréparables, tels que la brusque rupture des relations diplomatiques entre Vienne et Belgrade et l'entrée de l'armée austro-hongroise en Serbie, étaient accomplis, on reconnaîtra que sa démarche était de pure forme, un acte de déférence envers l'autorité impériale d'un caractère tout platonique, et ne pouvait plus modifier les résolutions déjà prises sans que l'empereur eût été consulté.

Les ambassadeurs de la Triple-Entente en Autriche-Hongrie avaient été unanimes, dès le début de la crise, à conseiller la soumission au gouvernement serbe. Ils se réunissaient tous les jours à l'ambassade de France pour s'entendre sur les démarches qu'il y avait lieu de faire dans l'intérêt de la paix. Durant les premiers jours, M. Schébéko n'assista pas à ces réunions. Un congé lui ayant été précédemment accordé, il était parti pour Saint-Pétersbourg, et c'est son chargé d'affaires, le prince Koudacheff, qui le représentait; mais, dès le 27 juillet, il était de retour et participait aux délibérations au courant desquelles était exactement tenu le ministre de Serbie, M. Jovanovitch.

Celui-ci, bien que son rôle semble un peu effacé par suite du dédain qu'affectait le Ballplatz vis-à-vis de la Serbie et de son représentant, mérite cependant qu'on le présente au lecteur en raison du dévouement sans limites qu'il n'avait cessé de prodiguer à la cause de son pays. Il n'était à Vienne que depuis peu de temps. Malgré les complications de plus en plus irritantes qui pendant quinze ans avaient caractérisé les relations de l'Autriche-Hongrie et de la Serbie, c'était cependant le même agent, M. Simitch, que le gouvernement de Belgrade avait maintenu à Vienne. Il devait à sa distinction personnelle et à l'aménité de ses manières d'avoir acquis et conservé tout à la fois la sympathie apparente du Ballplatz et la confiance effective de ses compatriotes. Mais, en 1913, la tension était devenue telle entre les deux gouvernements qu'il n'avait plus paru possible d'abandonner la défense des intérêts serbes à ce vieux diplomate jugé trop conciliant et M. Jovanovitch était venu le remplacer.

Malheureusement, le successeur de M. Simitch, quel qu'il eût été, ne pouvait être considéré par les Autrichiens que comme un adversaire résolu. En prenant possession de son poste, M. Jovanovitch se vit accusé de s'être compromis dans l'agitation anti-annexionniste en Bosnie ; on lui reprochait de ne devoir sa nomination qu'à ce passé déjà vieux de plusieurs années, n'ayant occupé jusque-là d'autres emplois que ceux de consul à Uskub et de chargé d'affaires à Cettigné. En réalité, quoiqu'à peine âgé de quarante ans, il avait géré à Belgrade le ministère des affaires étrangères sous la direction de M. Pachitch dont il possédait l'entière confiance. C'était, avec des allures modestes, un diplomate très renseigné, instruit, véridique et loyal, d'autant mieux résigné à de larges concessions pour obtenir l'apaisement qu'il gardait en son cœur de patriote une foi ardente dans un prochain et définitif groupement de tous les Serbes, mais sans chercher à précipiter la marche des événements.

Si réservée qu'eût été son attitude au début, si sincères qu'eussent été ses déclarations, il n'avait rencontré au Ballplatz que froideur et méfiance. Aveuglés par leurs préjugés et par leur haine, les hommes d'État autrichiens n'avaient pas même essayé d'envisager l'avantage de négocier avec un homme aussi probe et aussi judicieux que lui. A la suite du drame de Serajevo, cette méfiance et cette froideur s'étaient accusées plus vivement et, à la veille de l'ultimatum comme au lendemain, M. Jovanovitch avait pu constater qu'on ne voulait même plus l'entendre.

Il était naturel qu'en ces circonstances il attachât le plus grand prix à rendre de plus en plus étroits et confiants ses rapports avec les ambassadeurs de la Triple-Entente. Il reconnaît lui-même, dans un de ses rapports, que durant ces jours pénibles MM. Dumaine, Schébéko et Sir Maurice de Bunsen furent particulièrement bienveillants et accueillants pour lui et pour le personnel de sa légation. Il devint ainsi l'instrument naturel et commode entre tous pour transmettre à Belgrade des conseils de modération.

Il ne s'illusionnait pas quant au but poursuivi par la Cour de Vienne ni quant au rôle de l'Allemagne ; il pressentait les conséquences douloureuses dont la perfidie des deux complices menaçait son pays et comprenait que, s'il était encore possible de les conjurer, elles ne pouvaient l'être qu'au prix d'une docilité absolue aux conseils de la Russie, de l'Angleterre et de la France.

Avant de prendre son congé, l'ambassadeur russe, M. Schébéko, avait été d'avis que la Serbie, épuisée par deux guerres successives et hors d'état de s'opposer à un odieux abus de la force, devait y répondre par les plus larges concessions ; il était convaincu qu'elle désarmerait ainsi son adversaire.

Lorsqu'il rentra de Pétersbourg, son opinion, dans ce sens, s'était d'autant plus fortifiée qu'elle s'était trouvée conforme à celle de son gouvernement. D'accord avec ses collègues, bien que leur confiance ne fût pas à la hauteur de la sienne, il analysait tous les genres d'accommodement qui pourraient concilier les susceptibilités opposées de l'empire russe et de l'empire austro-hongrois et obtenir de celui-ci un sursis suffisant pour mener à bien une négociation. Considérant comme indispensable de calmer d'abord les ressentiments des Autrichiens, il n'était pas éloigné d'admettre qu'on devrait leur concéder la faculté d'occuper momentanément Belgrade; mais après cette satisfaction accordée à leur vanité, on leur aurait fait entendre que leurs exigences énumérées dans l'ultimatum devraient être soumises à une médiation. Les commencements de mobilisation, de part et d'autre, ne seraient pas un obstacle à l'efficacité de cette manière de procéder. Dans l'opinion que M. Schébéko défendait avec ardeur et que lui suggérait le violent désir de sauvegarder la paix, il y avait une grande part d'illusion, et peut-être l'éminent diplomate n'entrevoyait-il pas dans la réalité les mobiles auxquels obéissait l'Autriche, ni surtout l'influence qu'exerçait sur elle le cabinet de Berlin.

Les jours qui suivirent furent marqués par des événements propres à démontrer la fragilité de ses espoirs. Déjà, durant son absence, il était visible que l'Autriche, eût-elle été disposée à des accommodements, n'était plus en état de contenir les passions qu'elle avait déchaînées dans l'armée et dans la population et qui prirent un caractère particulier de violence lorsque, dans la journée du 24 juillet, les journaux eurent publié l'ultimatum. Il y eut presque de l'enthousiasme dans l'approbation dont ce document fut l'objet, moins encore parce qu'il exprimait au gré de tous les sentiments haineux de l'Autriche contre la Serbie que parce que la forme en était telle qu'on devait supposer que le cabinet de Belgrade le repousserait avec indignation. Aussi, lorsque le bruit se répandit, et à tort d'ailleurs, que les exigences du Ballplatz étaient acceptées sans aucune réserve, y eut-il de toutes parts une amère déconvenue. L'erreur fut rectifiée le lendemain et, lorsque furent connues la décision qui rejetait la réponse serbe et la rupture des rapports avec Belgrade, la joie populaire se donna libre cours. Les rues de la capitale autrichienne furent le théâtre d'attroupements bruyants que le service d'ordre ne cherchait nullement à dissiper. Les manifestants hurlaient des chants patriotiques et il en fut ainsi jusqu'à une heure avancée de la nuit. La police intervint pour protéger l'ambassade de Russie contre les tentatives hostiles, mais si mollement que M. Schébéko dut s'en plaindre au comte Berchtold. Du côté des ambassades de France et d'Angleterre, les démonstrations furent insignifiantes malgré le zèle de quelques agitateurs maladroits.

Les nouvelles qui arrivèrent le lendemain de la plupart des grandes villes de l'empire démontrèrent jusqu'à l'évidence combien était populaire l'idée d'une guerre contre la Serbie. Après avoir brisé toutes les digues, le gouvernement austro-hongrois, eût-il voulu tenter de contenir le flot, n'aurait pu y parvenir.

Les ambassadeurs de la Triple-Entente n'en continuaient pas moins à travailler en faveur de la paix ; celui de France n'allait pas jusqu'à prendre la défense de la Serbie avec plus d'ardeur que n'en montrait celui de Russie, néanmoins, dans un long entretien qu'il eut avec le comte Berchtold, peu d'heures avant que fût déclarée insuffisante la réponse de Belgrade, il se plaignit de ce que l'avant-veille le baron Macchio lui eût affirmé que l'ultimatum ne contenait rien d'inacceptable et témoignait même des dispositions bienveillantes de la monarchie. Il insista ensuite sur le danger de pousser les Serbes et leurs amis à des résolutions extrêmes. Embarrassées et évasives, les réponses qu'il reçut dissimulaient à peine la satisfaction que ressentait le Ballplatz en trouvant enfin l'occasion de régler de vieilles querelles dans un duel inégal, en vue duquel il croyait avoir pris toutes les précautions nécessaires pour ne pas mettre en danger la paix européenne. Le comte Berchtold ne comprenait pas encore que, peut-être sans le vouloir, et assurément sans le savoir, il faisait à cette heure le jeu de l'Allemagne.

Cette imprévoyance ne servait que trop les desseins de l'ambassadeur allemand, von Tschirschky. Tout en laissant entendre qu'il n'était peut-être pas entièrement d'accord avec sa cour, il n'avait pas cessé d'envenimer le conflit, affirmant toujours avec une imperturbable assurance que la Russie n'interviendrait pas. Après la rupture, il ne pouvait dissimuler sa joie ; il exultait comme s'il eût remporté une victoire. M. Dumaine, l'ayant rencontré, ne craignit pas de lui dire que la brutalité du baron de Giesl et l'insolente précipitation avec laquelle il avait rompu les pourparlers seraient sévèrement jugées.

— Mais les concessions serbes étaient faites sans aucune loyauté ! s'écria le diplomate allemand. Eussent-ils tout accordé qu'on eût été en droit de ne pas les croire.

Ainsi s'affirmaient de plus en plus la vassalité de l'Autriche, depuis longtemps germanisée, et la volonté de l'Allemagne de profiter du conflit austro-serbe pour réaliser les entreprises qu'elle préparait depuis si longtemps contre la Russie et contre la France.

Si nous voulions tenter de percer à jour les mobiles qui déterminent la conduite du comte Berchtold à cette heure où nominalement il tient dans ses mains les destinées du monde, notre effort en vue de découvrir la vérité nous amènerait à conclure à une atténuation de sa culpabilité, car il semble n'avoir pas vu où le menait la duplicité allemande ni les conséquences des actes auxquels il se laissait entraîner. Bien que les événements affectent de plus en plus un caractère irréparable, il paraît croire, comme M. Schébéko, que si des explications cordiales étaient échangées à Pétersbourg, il en résulterait peut-être l'apaisement auquel il n'ose travailler lui-même ; il s'en montre presque assuré le jour même où, par un soudain et décisif revirement, il déclare au représentant de la Russie qu'il ne peut différer plus longtemps de lui remettre ses passeports.

Son attitude, d'ailleurs, n'a pas cessé jusque-là d'être contradictoire ; les télégrammes qu'au cours de son second voyage à Ischl, il envoyait à Vienne et à Saint-Pétersbourg en font foi. Rentré au Ballplatz le 26 juillet et quoi qu'il pense, il reste belliqueux tout en affirmant que le gouvernement austro-hongrois ne prémédite ni une poussée vers les Balkans, ni une marche sur Salonique ou même sur Constantinople. Il proteste avec non moins d'énergie contre les soupçons dont le cabinet de Vienne est l'objet et qui tendent à voir dans son action le signal d'une guerre préventive contre les Russes. Il ne cesse de déclarer que personne en Autriche-Hongrie ne menace leurs intérêts et ne songe à leur chercher querelle. Mais, inconscient jusqu'au bout, il n'en prête pas moins les mains aux menées du cabinet de Berlin qui, lui, poursuit un tout autre but et dont les plans sont autrement compliqués.

Telle est la situation au 1er août. Les intrigues allemandes, déployées de tous côtés avec une activité qui ne se lasse pas, ont fait échouer toutes les tentatives d'apaisement qui n'ont cessé de se multiplier dans les capitales des États non intéressés directement dans le conflit. Ce qui caractérise, en ces heures tragiques, l'attitude du gouvernement de Berlin, c'est une hypocrisie abominable. Elle se traduit surtout dans les télégrammes échangés entre Guillaume II et Nicolas II et qui ont été publiés depuis dans la *Gazette de l'Allemagne du Nord*. Ils autorisent et justifient la sévère appréciation de l'empereur de Russie lorsque, recevant à Péterhof M. Paléologue, ambassadeur de France, il lui disait :

— L'empereur Guillaume est le mensonge en personne. De tous les télégrammes dont il m'a accablé pendant cette dernière crise, pas un n'était sincère, tous sonnaient faux, même celui où il invoque l'amitié qu'il a jurée à la Russie devant le lit de mort de son grand-père. Et quelle hypocrisie encore dans le dernier où il m'adresse un suprême appel pour sauver la paix et qu'il m'a expédié six heures après m'avoir fait remettre sa déclaration de guerre [1] !

Même attitude louche et cynique dans la conduite du kaiser vis-à-vis de la France, de l'Angle-

1. On sait que ces télégrammes échangés entre les deux souverains a la veille de la guerre ont trouvé place dans le *Livre Jaune* français.

terre et de la Belgique. Lorsque déjà l'exécution de ses plans est commencée, il proteste encore de ses intentions pacifiques, laisse entendre que, s'il a ordonné la mobilisation dans son empire, c'est pour répondre aux provocations de la Russie et parer au péril dont elle le menace. Tout est perfidie et duplicité dans les propos que tiennent en son nom ses représentants à l'étranger, et on le voit s'efforcer partout de rejeter sur autrui la responsabilité de la rupture dont seul il est l'auteur, puisqu'elle ne se serait pas produite s'il avait signifié au gouvernement austro-hongrois l'ordre d'entrer en accommodement avec la Serbie. Une telle décision lui eût fait honneur et eût conjuré les catastrophes qui ont été le résultat de ses ambitions criminelles. Il pouvait d'autant mieux la prendre que l'empereur Nicolas II s'était engagé vis-à-vis de lui à ne se livrer à aucun acte agressif tant que dureraient les pourparlers avec l'Autriche. C'est avec raison que M. Sazonoff écrivait, le 2 août :

« Après une telle garantie et après toutes les preuves de l'amour de la Russie pour la paix, l'Allemagne ne pouvait ni n'avait le droit de douter de notre déclaration, que nous accepterions avec joie toute issue pacifique compatible avec la dignité et l'indépendance de la Serbie. Une autre issue, tout en étant complètement incompatible avec notre propre dignité, aurait certainement ébranlé l'équilibre européen, en assurant l'hégémonie de l'Allemagne. Ce caractère européen, voire mondial, du conflit, est infiniment plus important que le prétexte qui l'a créé. Par sa décision de nous déclarer la guerre à un moment où se poursuivaient les négociations entre les puissances, l'Allemagne a assumé une lourde responsabilité. »

Non moindre est celle qu'elle a assumée en déclarant la guerre à la France au prix d'un impudent mensonge. Le 3 août 1914, pour légitimer sa déclaration de guerre à notre pays, elle prétexta d'une prétendue attaque à laquelle se seraient livrés nos aviateurs contre Nuremberg. L'accusation était dénuée de tout fondement ; preuve en a été faite par les déclarations du bourgmestre de cette ville et du commandant par intérim du 3e corps d'armée bavarois, attestant l'un et l'autre que « toutes les affirmations et toutes les informations de journaux à ce sujet ont été manifestement reconnues fausses », déclarations qu'a reproduites, dans une gazette médicale allemande le 18 mai 1916, un certain docteur Schwalb, qui a cédé en cette circonstance à l'amour de la vérité.

Le mensonge prussien est donc irrévocablement établi. Mais il n'est pas moins intéressant, ne serait-ce que pour en conserver un souvenir indiscutable et le fixer dans l'histoire de la guerre, de préciser avec quel art il avait été combiné et fut utilisé.

Donc, à Paris, dans la matinée du 3 août 1914, le baron de Schœn, ambassadeur d'Allemagne, se présentait au quai d'Orsay pour voir M. René Viviani, président du conseil et ministre des affaires étrangères. Reçu aussitôt, il annonçait au ministre qu'il avait reçu de Berlin l'ordre de partir le même soir avec le personnel de l'ambassade et du consulat, et avec celui de la légation de Bavière. Il venait à cet effet demander ses passeports. Il remettait en même temps à son interlocuteur une lettre dans laquelle il était dit que des aviateurs français avaient survolé le territoire de la Belgique et de l'empire pour jeter des bombes sur Nuremberg. Dans ces griefs rien, on le voit, n'était oublié. Comme l'Allemagne se proposait de traverser la Belgique, elle se donnait un prétexte propre à légitimer cette violation de la neutralité.

M. Viviani protesta ; il tenait pour inexactes et dépourvues de preuves les allégations de l'ambassadeur allemand. Il lui rappela que la veille le gouvernement français avait dû protester contre les violations caractérisées de sa frontière commises depuis deux jours par des détachements de troupes allemandes.

Mais cette conversation ne pouvait rien changer à ce qui était et il demeurait entendu que l'ambassadeur partirait le même soir avec son personnel. M. Viviani télégraphiait aussitôt à Berlin, à M. Jules Cambon, pour lui faire part de la visite qu'il venait de recevoir et pour l'inviter à demander lui aussi ses passeports.

Or, le même jour et à la même heure, à Berlin,

M. de Jagow, secrétaire d'Etat aux affaires étrangères, venait voir l'ambassadeur de France et, comme l'avait fait M. de Schœn à Paris, se plaindre d'actes d'agression qu'il prétendait avoir été commis à Nuremberg par des aviateurs français qui, selon lui, seraient venus de Belgique. A Berlin, pas plus qu'à Paris, la Belgique n'était oubliée. Pour se justifier à l'avance de ce qu'on y voulait faire, il fallait établir que ce qu'on y voulait faire, les Français l'avaient fait et qu'en conséquence, on ne faisait que suivre leur exemple.

M. Jules Cambon répliqua qu'il ne savait rien des faits qu'on lui dénonçait, mais que leur invraisemblance était évidente, et qu'en fût-il autrement, un exploit d'aviateurs ne pouvait être comparé aux actes abominables commis la veille en territoire français par un détachement de soldats allemands, qui avait parcouru une distance de dix kilomètres à l'intérieur de notre frontière et brûlé la cervelle à un soldat français qu'il y avait rencontré.

— Je vous ai adressé hier une note à ce sujet, ajouta M. Cambon, et vous reconnaîtrez qu'en aucune hypothèse, un tel acte ne saurait être assimilé à un vol d'aéroplane sur territoire étranger, accompli par des particuliers animés de cet esprit d'audace individuelle qui distingue les aviateurs. Un acte d'agression, commis sur le territoire d'un voisin par des détachements de troupes régulières commandés par des officiers, présente une gravité tout autre.

A ces allégations précises, M. de Jagow répondit par des explications confuses et vagues. Il n'avait pas encore lu la note que lui rappelait l'ambassadeur et il ignorait les faits dont celui-ci lui parlait. Il considérait qu'il était difficile qu'il ne s'en produisît pas de cette nature lorsque deux armées ennemies se trouvaient face à face de chaque côté de la frontière.

Aucune amélioration ne pouvait sortir de cet entretien et les deux diplomates se séparèrent avec la conviction qu'ils ne se reverraient pas. A la fin de l'après-midi, en effet, M. Jules Cambon recevait ses passeports au moment où, sur l'ordre qu'il avait reçu de Paris, il se préparait à les demander. Ainsi, à Berlin, comme à Paris, c'est cette histoire de bombes jetées sur Nuremberg, inventée à plaisir par la diplomatie allemande, qui devenait le prétexte de la déclaration de guerre.

Il n'en était pas autrement à Vienne.

Au Ballplatz, d'après une consigne reçue de Berlin, la prétendue agression d'avions français contre Nuremberg était exploitée comme un événement propre à préparer la rupture et à la légitimer. Un des hauts fonctionnaires du ministère austro-hongrois, le baron Macchio, s'adressant à notre ambassadeur, dénonçait avec une indignation feinte ce qu'il appelait une attaque déloyale, attentatoire au droit des gens.

Lorsqu'il fit cette démarche auprès de M. Alfred Dumaine, notre ambassadeur était depuis plus de huit jours privé de toutes communications avec l'extérieur et ne connaissait la marche des événements que par la presse viennoise et l'Agence Wolff. Il eût donc été très excusable d'ajouter foi aux affirmations du baron Macchio. Mais il n'en crut pas un mot. Il fit remarquer à son interlocuteur l'invraisemblance d'un raid aérien d'environ sept cents kilomètres, aller et retour, sans toucher terre, pour le seul avantage de bombarder des fabriques de jouets.

— Oh ! vos aviateurs sont si hardis !

— D'accord, répondit l'ambassadeur ; mais pourquoi les supposez-vous aussi bêtes qu'intrépides ?

Il était, en effet, de toute évidence qu'ils n'avaient pas besoin de faire un si long trajet pour accomplir leurs exploits. Mais en les montrant à une si grande distance de la frontière, on rendait presque impossibles des dénégations appuyées de preuves. On voit, par ces détails, avec quelle habileté le mensonge avait été préparé. Du reste, on peut dire que, dès ce moment, partout où le conflit se répercute, le mensonge coule à pleins bords : il est l'arme préférée de nos ennemis. C'est ainsi, par exemple, que l'on voit l'ambassadeur d'Autriche à Paris, durant les jours qui précèdent la rupture, se plaindre à son gouvernement de ce que, dans tous nos restaurants, la nourriture lui est refusée, ainsi qu'au personnel de son ambassade, et le comte Berchtold dénoncer avec aigreur à M. Dumaine ce manque de procédés.

Rien n'était vrai dans ce fait qu'on imputait à grief à la France. Ce qui s'était passé se bornait à un avis amical très courtoisement donné, par un diplomate neutre, au comte Szecsen, afin de lui faire comprendre qu'il serait sage à lui de renoncer à dîner au cercle de l'Union, où la persistance de sa présence semblait peu discrète aux autres convives.

Jusqu'à ce moment, on avait pu se demander si l'Angleterre se bornerait à protester contre la violation de la neutralité belge ou si au contraire elle interviendrait par les armes. Les entretiens de Sir Edward Grey témoignaient d'une certaine hésitation. Il est vrai que l'attitude hypocrite de l'Allemagne pouvait encore laisser un doute quant à la réalité de ses desseins. Mais lorsque, le 30 juillet, ils ne semblent plus douteux, lorsque de toutes parts les gouvernements de la Triple-Entente répondent en mobilisant leurs armées à la mobilisation des armées austro-allemandes, l'Angleterre, saisie par le Cabinet de Berlin de propositions qu'elle juge inacceptables, les repousse en bloc et laisse percer ses intentions.

« Le Gouvernement de Sa Majesté ne peut pas accueillir un seul instant la proposition du Chancelier de s'engager à rester neutre dans de telles conditions. Ce qu'il nous demande, en effet, c'est de nous engager à rester à l'écart, en attendant qu'on se saisisse des colonies françaises et que la France soit battue, pourvu que l'Allemagne ne prenne pas de territoire français, exception faite des colonies.

« Au point de vue matériel, une telle proposition est inacceptable, car la France, sans qu'on lui enlevât de territoire en Europe, pourrait être écrasée au point de perdre sa position de grande puissance et de se trouver désormais subordonnée à la politique allemande. En général, tout ceci à part, ce serait une honte pour nous que de passer ce marché avec l'Allemagne aux dépens de la France, une honte de laquelle la bonne renommée de ce pays ne se remettrait jamais.

« Le Chancelier nous demande en outre de marchander toutes les obligations ou intérêts que nous pouvons avoir dans la neutralité de la Belgique. Nous ne saurions en aucune façon accueillir ce marché non plus. »

Le 8 août, la décision du cabinet de Saint-James se prononce énergiquement.

« Informez le Gouvernement belge que, si l'Allemagne exerce une pression sur lui pour le faire se départir de la neutralité, le Gouvernement de Sa Majesté s'attendra à ce que la Belgique résiste par tous les moyens en son pouvoir ; que le Gouvernement de Sa Majesté l'aidera à résister ; que, dans ce cas, le Gouvernement de Sa Majesté est prêt à s'unir à la Russie et à la France, s'il y a lieu, pour offrir immédiatement au Gouvernement belge une action commune pour résister à l'emploi par l'Allemagne de la force contre la Belgique et une garantie pour le maintien de son intégrité et de son indépendance dans l'avenir. »

On peut considérer cette déclaration énergique comme le corollaire d'une correspondance échangée huit jours avant (31 juillet) entre M. Poincaré et le roi George.

« De toutes les informations qui nous arrivent, écrivait le Président de la République, il résulte que si l'Allemagne avait la certitude que le gouvernement anglais n'intervînt pas dans un conflit où la France serait engagée, la guerre serait inévitable et qu'en revanche, si l'Allemagne avait la certitude que l'Entente cordiale s'affirmerait, le cas échéant, jusque sur les champs de bataille, il y aurait les plus grandes chances pour que la paix ne fût pas troublée.

« Sans doute, nos accords militaires et navals laissent entière la liberté du gouvernement de Votre Majesté, et dans les lettres échangées en 1912 entre sir Edward Grey et M. Paul Cambon, l'Angleterre et la France se sont simplement engagées, l'une vis-à-vis de l'autre, à causer entre elles en cas de tension européenne et à examiner ensemble s'il y aurait lieu à une action commune.

« Mais le caractère d'intimité que le sentiment public a donné, dans les deux pays, à l'entente de l'Angleterre et de la France, la confiance avec laquelle nos deux gouvernements n'ont cessé de travailler au maintien de la paix, les sympathies que Votre Majesté a toujours témoignées à la France m'autorisent à lui faire connaître en toute franchise mes impressions, qui sont celles du gouvernement de la République et de la France entière.

« C'est, je crois, du langage et de la conduite du gouvernement anglais que dépendent désormais les dernières possibilités d'une solution pacifique.

Le roi George répondait :

« Vous pouvez être assuré que la situation actuelle de l'Europe est pour moi une cause de beaucoup d'anxiété et de préoccupation et je suis heureux à la pensée que nos deux gouvernements ont travaillé ensemble si amicalement pour tâcher de trouver une solution pacifique aux questions à résoudre.

« Ce serait pour moi une source de réelle satisfaction si nos efforts combinés aboutissaient à un succès, et je ne reste pas sans espoir que les terribles événements qui semblent si proches pourront être empêchés.

« Je fais personnellement tous mes efforts afin de trouver quelque solution qui permette en tout cas d'ajourner les opérations militaires actives et de laisser aux puissances le temps de discuter entre elles avec calme. J'ai l'intention de poursuivre ces efforts sans relâche tant qu'il restera un espoir de règlement amical.

« Quant à l'attitude de mon pays, les événements changent si rapidement qu'il est difficile de prévoir ce qui se passera ; mais vous pouvez être assuré que mon gouvernement continuera de discuter franchement et librement avec M. Cambon tous les points de nature à intéresser les deux nations. »

Les choses vont d'ailleurs se précipiter et l'action anglaise se manifester plus vigoureusement encore que ne pouvait le faire prévoir la lettre du roi.

Le 4 août, à Berlin, l'ambassadeur d'Angleterre, Sir E. Goschen, demande au secrétaire d'État, von Jagow si le gouvernement allemand s'abstiendra de violer la neutralité de la Belgique.

— Je suis obligé de vous répondre « Non », déclare von Jagow. Du reste, elle est déjà violée, notre armée a franchi la frontière et d'ailleurs, c'est pour nous une question de vie ou de mort.

Et il se répand en raisons selon lui justificatives de la conduite allemande, qu'au Reischtag, le chancelier Bethmann-Holweg résumera en disant :

— Nécessité n'a pas de loi.

Sir E. Goschen se retire non sans avoir démontré à son interlocuteur la gravité de la situation. Il revient à la fin de l'après-midi et signifie au Secrétaire d'État qu'à moins que le gouvernement impérial ne donne, le même soir, avant minuit, l'assurance de ne pas pousser plus loin sa violation de la frontière belge et d'arrêter sa marche, il a reçu des instructions pour demander ses passeports et pour informer le Gouvernement impérial que le Gouvernement de Sa Majesté britannique prendra toutes les mesures en son pouvoir pour maintenir la neutralité de la Belgique et l'observation d'un traité auquel l'Allemagne était autant partie que lui-même. Jagow a répondu qu'à son grand regret, il ne peut donner aucune réponse autre que celle qu'il a donnée dans la journée, à savoir que la sécurité de l'Empire rend absolument nécessaire la marche des troupes impériales à travers la Belgique. A cette réponse, le Secrétaire d'État ajoute des gémissements qui rendraient la scène singulièrement émouvante si, dans le langage de von Jagow, on ne sentait le mensonge couler à pleins bords. Ce qu'il cache, ce langage hypocrite, ce n'est pas la douleur, c'est la déception et la fureur.

L'entrevue de sir E. Goschen avec le chancelier est plus pénible encore pour le diplomate anglais. « Je l'ai trouvé très agité, écrit-il. Son Excellence a commencé tout de suite une harangue qui a duré environ vingt minutes. Il a dit que la mesure prise par le Gouvernement de Sa Majesté britannique était terrible au dernier point ; juste pour un mot « neutralité », — un mot dont en temps de guerre on n'a si souvent tenu aucun compte, — juste pour un chiffon de papier, la Grande-Bretagne allait faire la guerre à une nation à elle apparentée, qui ne désirait rien tant que d'être son amie. Tous ces efforts en ce sens, a-t-il continué, ont été rendus inutiles par cette dernière et terrible mesure ; la politique à laquelle, comme je le savais, il s'était voué depuis son arrivée au pouvoir, était tombée comme un château de cartes. Il s'est écrié que ce que nous avons fait est inconcevable ; c'est comme frapper par derrière un homme au moment où il défend sa vie contre deux assaillants. Il tient la Grande-Bretagne pour responsable de tous les terribles événements qui pourront se produire. J'ai protesté avec force contre cette déclaration et ai dit que, de même que lui-même et M. de Jagow désiraient me faire comprendre que, pour des raisons stratégiques, c'était pour l'Allemagne une affaire de vie ou de mort d'avancer à travers la Belgique et de violer la neutralité de cette dernière, de même je désirais qu'il comprît que c'était pour ainsi dire une affaire de vie ou de mort pour l'honneur de la Grande-Bretagne que de tenir l'engagement solennel pris par elle de faire, en cas d'attaque, tout son possible pour défendre la neutralité de la Belgique. Il est, ai-je insisté, tout simplement nécessaire de tenir ce pacte solennel, sans quoi, quelle confiance n'importe qui pourrait-il avoir à l'avenir dans les engagements pris par la Grande-Bretagne ?

« Le Chancelier a repris : « Mais à quel prix ce pacte aura-t-il été tenu ? Le Gouvernement britannique y a-t-il songé ? » J'ai insinué à Son Excellence, avec toute la clarté qui me fut possible, que la crainte des conséquences ne pouvait guère être considérée comme une excuse pour la rupture d'engagements solennels ; mais Son Excellence était dans un tel état d'excitation, il était si évidemment démonté par la nouvelle de notre action et si peu disposé à entendre raison que je m'abstins de jeter de l'huile sur le feu en argumentant davantage. »

A la lumière de ce document et des souvenirs encore si récents qu'ils rappellent, on peut embrasser d'un regard la longue suite de basses intrigues et de calculs ténébreux qui ont précédé la guerre et l'ont rendue inévitable. C'est d'abord la longue préparation du gouvernement austro-hongrois à une entreprise scélérate contre la Serbie. Des événements qu'il n'a pas prévus, tels que les deux guerres des Balkans et les victoires serbes, l'ont contraint à retarder le dénouement qu'il cherche et qu'il ne peut obtenir qu'autant qu'il trouvera un prétexte. Ce prétexte, le drame de Serajevo le lui fournit; il s'en empare, jette le masque et dévoile ses intentions. L'intervention des puissances menace de les rendre irréalisables, car il est évident qu'elles ne laisseront pas le forfait s'accomplir. Mais comme il ne le croit pas, il n'en poursuit pas moins l'exécution de ses desseins, soutenu alors par les encouragements de l'Allemagne dont le concours lui est assuré, et dès ce moment c'est l'Allemagne qui dirigera l'entreprise dans laquelle elle a vu le moyen d'en finir avec les résistances de plus en plus marquées qu'a rencontrées, en ces dernières années et notamment au Maroc, sa politique d'expansion mondiale.

Elle a préparé de longue main son coup et se croit assurée de la victoire. Guillaume II, au mois de novembre 1913, le déclare formellement au roi des Belges. Son chef d'état-major, le général de Moltke, ajoute à cette déclaration avec une assurance superbe que les Allemands sont devenus invincibles. Telle est d'ailleurs la conviction de tout le peuple germanique qu'a contaminé le virus prussien et qui n'entrevoit les destinées de l'Allemagne qu'à travers les conceptions du parti militaire. Qui pourrait résister à la puissance de ses armements, aux suites pratiques de l'espionnage que depuis tant d'années elle exerce dans toutes les parties du monde? Ce n'est pas la Russie, que menace la révolution; ce n'est pas l'Angleterre, atteinte dans son homogénéité par l'opposition irlandaise; ce n'est pas la France, dont la dégénérescence s'accuse de jour en jour et qui n'abrite plus qu'une race épuisée dépourvue de toute force et de toute vertu. L'heure est donc propice pour constituer le Grand Empire et l'Allemagne, convaincue qu'elle n'a devant elle que de faibles obstacles, est résolue à marcher en avant. L'Autriche germanisée est, à ses yeux, le pont sur lequel elle passera pour atteindre son but. Les événements ont prouvé depuis combien lourde fut son erreur, mais alors elle ne croyait pas se tromper et sa confiance dans les résultats de l'attaque brusquée sur tous les points à la fois était inébranlable.

Telle est la vérité qui se dégage aujourd'hui des événements que nous avons vu s'accomplir, et quoi que disent et fassent ceux qui ont détruit le repos du monde, leurs protestations ne prévaudront point contre elle.

Aux yeux de l'Histoire, du moins, car tout fut mis en œuvre pour tromper les populations de l'Empire et fausser en elles le sens des responsabilités. Cette guerre fermement résolue et savamment préparée, que le peuple allemand avait été dressé à souhaiter, il fallait le convaincre qu'elle était devenue inévitable non par la faute du gouvernement de Berlin mais par celle des puissances de la Triple-Entente. C'était d'autant plus nécessaire que la nation, bien qu'entraînée depuis longtemps à un conflit gros de conséquences, était loin de se douter qu'il dût être immédiat. Elle y croyait si peu qu'elle était entrée déjà « dans la paix des vacances d'été ». Les gens aisés avaient quitté les grandes villes pour aller chercher un air plus frais à la mer et à la montagne. Or, le 21 juillet, la *Gazette de Francfort* troublait brusquement leur repos. Elle annonçait une démarche prochaine et grave de l'Autriche à Belgrade. Elle exprimait même le regret que le Cabinet de Vienne n'eût pas attendu l'achèvement des récoltes. Cependant l'opinion ne s'émut qu'à demi.

Mais le 24 ce fut une autre chanson. Le même journal, commentant la démarche autrichienne, déclarait « que le maintien de la paix dépendait de la Russie » et qu'au surplus, une guerre européenne étant devenue inévitable « il était peut-être préférable qu'elle éclatât aujourd'hui que dans deux ou trois ans. »

Dès le lendemain la presse allemande se livrait à des commentaires analogues. Ils eurent pour effet de ramener précipitamment chez eux les oisifs de l'été. L'opinion prévoyait maintenant le conflit et inclinait à penser qu'il valait mieux qu'il ne fût pas ajourné.

Tel fut le début de la comédie que s'était préparé à jouer le gouvernement de Berlin pour persuader aux populations que la Russie était la provocatrice. La suite fut digne du début. La réponse de la Serbie à l'ultimatum autrichien, cette réponse, facteur essentiel pour l'appréciation du conflit, ne fut pas connue en Allemagne. On laissa croire que la Serbie avait répondu insolemment. De même les Allemands ignorèrent qu'au dernier moment, l'Autriche s'étant montrée disposée à négocier, le Cabinet de Berlin avait refusé d'entrer dans cette voie et précipité son agression. Même comédie et mêmes mensonges pour présenter comme agressive l'attitude de la Russie, de l'Angleterre et de la France : il fallait que l'Allemagne se crût attaquée. Rien ne fut négligé pour atteindre ce but. La mobilisation en Autriche avait précédé celle de l'armée russe : c'est le contraire qui fut affirmé par la presse allemande. Elle passa sous silence la déclaration faite par le gouvernement de Saint-Pétersbourg que sa mobilisation, limitée à quatre arrondissements militaires, ne visait que l'Autriche et serait immédiatement arrêtée si cette puissance démobilisait. En ce qui touchait la France, le Cabinet de Berlin usa des mêmes procédés déloyaux. Nous les avons signalés. De ces faits, intentionnellement inventés, les journaux tiraient cette conclusion que la France, comme la Russie, avait attaqué l'Allemagne sans lui avoir déclaré la guerre.

On ne pouvait pas produire les mêmes allégations à l'encontre de l'Angleterre, puisque c'est elle qui avait pris les devants. Mais les journaux d'Allemagne, stylés par le Cabinet de Berlin, s'attachèrent à démontrer que la violation de la neutralité belge n'était qu'un prétexte saisi par le gouvernement britannique pour assouvir sa haine contre la puissance allemande dont il souhaitait l'écrasement. Ces divers mensonges devaient être ultérieurement dénoncés par la publication révélatrice des documents diplomatiques; mais, à supposer que l'opinion allemande ait eu connaissance de ces démentis, ce qui est douteux, les affirmations mensongères, lorsqu'elle les connut, avaient produit leur effet. Les tenant pour véridiques, elle restait convaincue que l'Allemagne avait été l'objet d'une agression inqualifiable concertée depuis longtemps entre les puissances de la Triple-Entente et c'en était assez pour rendre populaires les décisions du gouvernement impérial.

Du reste, on n'en était plus à rechercher la vérité quant aux causes de la guerre. La mobilisation fonctionnait, les armées étaient en marche et sur la certitude de la légitimité de leur cause dont on les avait convaincus, se greffait chez tous les Allemands la certitude de la victoire. On la leur annonçait comme rapide, éclatante et fructueuse et comme devant être couronnée en peu de jours par la prise de Paris. Aucun d'eux ne mettait en doute ces prédictions. Du plus haut au plus humble, ils calculaient les profits de l'entreprise, laquelle, dans la pensée de tous, devait avoir pour conséquence l'extension prodigieuse de la puissance germanique, l'accroissement de ses territoires, l'anéantissement des ennemis et par surcroît devenir, grâce à l'organisation de la terreur et du pillage, une source de richesses pour les particuliers.

A la date du 3 août, la guerre s'allumait de toutes parts, comme si les puissances de la Triple-Entente fussent sorties d'un long sommeil et eussent enfin entrevu l'étendue et la gravité du péril qui les menaçait. A cette date, la Serbie était envahie par l'armée autro-hongroise, l'Allemagne avait déclaré la guerre à la Russie et à la France, ses troupes étaient entrées dans le grand-duché de Luxembourg et franchissaient la frontière belge, ce qui amenait aussitôt l'ultimatum britannique, suivi vingt-quatre heures plus tard de la participation de l'Angleterre à la conflagration.

A ce moment l'Autriche, cause originelle du conflit, ne s'était pas encore déclarée en état de guerre avec la Triple-Entente et ses ambassadeurs continuaient à occuper leur poste ; d'autre part, Sir Maurice de Bunsen, MM. Dumaine et Schébéko étaient restés à Vienne. La situation ne laissait pas d'être anormale ; l'on se demandait quand se produirait la rupture devenue inévitable, mais que l'Autriche-Hongrie semblait vouloir retarder autant qu'elle le pourrait. Dans la journée du 10, un incident vint la précipiter en des conditions qui permettent de croire que ce fut par la volonté de l'Allemagne, qui ne pouvait voir avec satisfaction les relations diplomatiques se continuer entre le gouvernement austro-hongrois son allié et les puissances qu'elle-même combattait.

Au commencement du mois d'août, deux journaux suisses, le *Bund* de Berne et les *Nouvelles de Bâle* annonçaient qu'on avait connaissance dans les chancelleries de l'envoi de troupes autrichiennes en Alsace. Les jours suivants, des détails étaient fournis sur l'importance de ce concours militaire, destiné à renforcer l'aile gauche allemande ; on allait jusqu'à dire que, déjà le 4 août, 7.000 Autrichiens se trouvaient à Strasbourg, ce qui eût été une violation scandaleuse du droit international, puisqu'à ce moment encore, et bien que l'état de guerre existât entre l'Allemagne et les puissances de la Triple-Entente, il n'existait ni entre l'Autriche et l'Angleterre, ni entre l'Autriche et la France.

Au reçu de ces nouvelles, le gouvernement français invitait son ambassadeur à Vienne à se renseigner d'urgence sur la réalité de cette coopération. M. Dumaine répondait le même jour que le comte Berchtold lui avait donné verbalement l'assurance la plus formelle que le gouvernement austro-hongrois n'avait jamais eu la pensée d'envoyer des troupes à la frontière française. A l'appui de cette affirmation, l'ambassadeur ajoutait : « On peut supposer que, dans l'intérêt de sa flotte, l'Autriche-Hongrie cherchera à retarder le plus possible le moment où elle se trouvera en état de guerre avec la France et l'Angleterre. »

Mais le lendemain sur l'insistance de son gouvernement, M. Dumaine faisait une nouvelle démarche au Ballplatz dans le but de savoir si, même en admettant que des troupes autrichiennes n'eussent pas été transportées sur la frontière française, elles ne se trouvaient pas dans une région voisine où l'on devait considérer qu'elles étaient en soutien des troupes allemandes. Les dénégations du comte Bertchold ne furent pas moins énergiques que celles qu'il avait données la veille : « Aucune troupe austro-hongroise, écrivait-il à M. Dumaine, n'a été transportée vers l'ouest hors du territoire autrichien. »

Or, à l'heure même où, dans la journée du 10 août, cette déclaration formelle arrivait à Paris, le comte Szecsen, ambassadeur d'Autriche, à qui la même question avait été posée, apportait au quai d'Orsay une réponse qui différait dans la forme, sinon dans le fond, de celle qui avait été faite à notre ambassadeur. Tandis que le comte Berchtold affirmait à celui-ci qu'il n'y avait pas de troupes autrichiennes à la frontière française, le comte Szecsen déclarait qu'il n'y avait pas de participation de troupes austro-hongroises à la guerre franco-allemande. Ni l'une ni l'autre de ces réponses ne donnaient satisfaction au gouvernement de la République, alors que la présence de troupes autrichiennes à l'ouest de l'Allemagne hors du territoire austro-hongrois lui était absolument confirmée et que, si le fait était exact, il permettait à l'Allemagne de disposer des effectifs que ces troupes remplaçaient. En droit et en fait, elles devaient être considérées comme agissant contre la France. Il devenait donc impossible à l'ambassadeur français de rester en Autriche ; ordre lui était donné de demander ses passeports et de partir sans retard avec le personnel de l'ambassade. Il était en même temps prévenu que cette décision avait été communiquée au comte Szecsen, qui s'était mis en mesure de quitter Paris sur-le-champ.

Il n'a pu être établi que les affirmations du comte Berchtold eussent été mensongères. Le colonel Hallier, attaché militaire à l'ambassade de France, n'avait rien recueilli qui fût de nature à les contredire à la date où elles étaient émises. Il est vrai que, postérieurement, les Autrichiens eux-mêmes ont reconnu que des batteries de mortiers leur appartenant, réunies dès le 15 août à Cologne, avaient participé le 21 au bombardement de Namur. Quoi qu'il en soit, il est vraisemblable que les nouvelles tendancieuses et assurément prématurées publiées par les journaux suisses germanophiles émanaient de la Wilhelmstrasse. Elle avait eu à cœur d'impliquer le gouvernement austro-hongrois presque malgré lui, et tout au moins plus tôt qu'il ne voulait, dans les opérations militaires engagées par l'Allemagne contre la France. Le comte Berchtold était hors d'état de se dérober aux conséquences de cette machination où il est difficile de ne pas voir la main de l'ambassadeur allemand devenu le maître du Ballplatz.

Le télégramme rédigé en clair, qui enjoignait au représentant de la France de quitter Vienne sans délai, lui avait été expédié de Paris, le 10 août, à une heure de l'après-midi. Il ne le reçut que le lendemain dans la soirée, au bout de trente et une heures. C'est dire qu'au Ballplatz, on s'était donné le temps d'en prendre connaissance et d'en peser tous les termes. L'ambassadeur, lorsqu'il alla signifier au comte Berchtold les ordres de son gouvernement et lui annoncer son départ, devait s'attendre à des récriminations et à des reproches fondés sur ce fait que le cabinet de Paris n'avait pas tenu compte des dénégations formelles opposées aux assertions de la presse helvétique et prenait sans nécessité l'initiative de la rupture. Mais le comte Berchtold écouta sans surprise et sans apparence de mécontentement la communication qui lui était faite, comme un homme qui y était préparé. M. Schébéko n'était plus à Vienne depuis le 7 ; Sir Maurice de Bunsen s'attendait à être rappelé d'un instant à l'autre, — il partit le 14, — et l'ambassadeur de France n'aurait eu aucune raison de prolonger son séjour en Autriche, alors que ses deux collègues n'y étaient plus.

Déjà, à cette heure, il sentait gronder et grandir l'irritation populaire contre les États de la Triple-Entente. La veille, avant qu'il eût demandé ses passeports, le premier bourgmestre de Vienne, dans une harangue prononcée du haut des marches de l'hôtel de Ville, s'était fait applaudir par une foule fanatisée, en annonçant joyeusement qu'une révolution venait d'éclater à Paris et que le président de la République avait donné sa démission et peut-être même avait été assassiné. M. Dumaine, dans son entretien avec le comte Berchtold, protesta contre cette incartade du premier magistrat de la capitale, personnage considérable non seulement par sa fonction, mais encore en sa qualité d'ancien ministre, et contre l'inconvenance de son langage, qui reposait sur un mensonge. Le comte Berchtold ne trouva rien à répondre, sinon qu'il ignorait l'incident et que, sans doute, les propos du bourgmestre avaient été dénaturés par les journaux. En revanche, il se plaignit d'une manifestation tumultueuse qu'il disait avoir eu lieu, à Paris, devant l'hôtel de l'ambassade d'Autriche. M. Dumaine put lui prouver sur-le-champ que cette prétendue manifestation s'était bornée à un attroupement d'étudiants, slaves pour la plupart, et à quelques cris hostiles. Ce n'était qu'un incident sans portée, auquel, en quelques minutes, la police avait coupé court et qui ne présentait pas la gravité de la harangue calomnieuse du bourgmestre. Le comte Berchtold parut se le tenir pour dit.

Le rappel des ambassadeurs alliés marque la fin des tentatives faites en faveur de la paix et clôt la période émouvante, véritable prologue de la guerre, qui s'était ouverte d'une manière tragique le 28 juin.

Le retour en France de notre ambassadeur à Berlin s'opéra dans des conditions qui font honte à l'Allemagne. Après qu'on lui eût refusé de partir par la Hollande ou la Belgique, M. Jules Cambon accepta de partir par la Suisse, via Constance. Cet itinéraire accepté, on lui imposa le lendemain celui de Vienne ; puis en dernier lieu celui du Danemark, par le Schleswig.

Le 4 août, à 10 heures du soir, il peut enfin quitter l'ambassade avec son personnel au milieu d'un grand concours de police à pied et à cheval. Le voyage s'effectua avec une extrême lenteur.

« Nous avons mis plus de vingt-quatre heures pour gagner la frontière, dit M. Jules Cambon. Il a semblé qu'à chaque station, on attendait des ordres pour repartir. J'étais accompagné du major von Rheinbaben, du régiment Alexandre de la Garde, et d'un fonctionnaire de la police. Aux environs du canal de Kiel, la troupe a envahi nos wagons. On a fait fermer les fenêtres et les rideaux des voitures ; chacun de nous a dû se tenir isolément dans son compartiment avec défense de se lever et de toucher à ses sacs de voyage. Dans le couloir des wagons, devant la porte de chacun de nos compartiments maintenue ouverte, se tenait un soldat, le revolver au poing et le doigt sur la gâchette. Le chargé d'affaires de Russie, les femmes, les enfants, tout le monde a été soumis au même traitement. »

A la dernière station allemande, le major von Rheinbaben vint, un peu confus, annoncer à notre ambassadeur que le train ne poursuivrait pas jusqu'à la frontière danoise s'il ne payait pas le prix de ce train. M. Jules Cambon s'étonna qu'on ne le lui eût pas fait payer avant le départ et, qu'en tout cas, on ne l'eût pas prévenu. Il proposa de payer par un chèque sur une des plus grandes banques de Berlin ; cette facilité lui fut refusée. Avec le concours de ses compagnons, il put réunir en or la somme de 5.000 francs qui lui était réclamée immédiatement. Le remboursement ultérieur de cette somme n'atténue ni n'excuse l'ignominie du procédé, lequel prouve que, dès ce moment, les Allemands se voyaient maîtres de la France.

Au moment où nous achevons le tableau des péripéties de cette période que nous avons essayé de reconstituer en ses principaux détails, on nous permettra d'exprimer l'espoir qu'il aura aidé nos lecteurs à imputer à chacun des grand coupables qu'on a vus à l'œuvre la part de responsabilités qui lui revient. Assurément, la part la plus lourde incombe à l'Allemagne, dont le souverain a été en dernier ressort le maître de l'heure et des destinées du monde. Si la guerre n'a pas été conjurée, c'est qu'il l'a voulue. Mais son crime, si grand qu'il ait été, ne doit pas faire oublier, — et sur ce point, on ne saurait trop insister, au risque même de se répéter, — que la haine des Autrichiens et des Magyars contre le peuple serbe lui a préparé le terrain sur lequel il a évolué en usant des procédés les plus perfides et en s'enveloppant d'un voile d'hypocrisie qui, depuis, s'est déchiré et dont les lambeaux ont laissé à nu ses ambitions, ses desseins et sa bassesse d'âme. Il a trouvé dans le gouvernement austro-hongrois, « son brillant second » ainsi qu'il l'appelait, un complice docile dont la culpabilité égale la sienne, encore que la faiblesse de François-Joseph, l'aveuglement et l'imprévoyance du comte Berchtold semblent constituer sinon une excuse, du moins une circonstance atténuante.

En ce qui touche la responsabilité les deux criminels sont égaux. Ce sera le jugement définitif de l'histoire. Elle constatera qu'en moins de douze jours, le coup de Jarnac préparé par l'Autriche contre la Serbie a déterminé, grâce à la complicité de l'Allemagne, complicité mûrement calculée, la conflagration générale, facile à conjurer si Guillaume II l'eût voulu, et qu'il était maintenant impossible de contenir malgré le bon vouloir et les incessants efforts des gouvernements de la Triple-Entente, auxquels l'Italie, par sa déclaration de neutralité, apportait un concours précieux en attendant de se ranger à leurs côtés les armes à la main.

---

# TABLE DES MATIÈRES



MACON, PROTAT FRÈRES, IMPRIMEURS

## CHEZ LES MÊMES ÉDITEURS

*Les auteurs de la guerre de 1914*, par Ernest DAUDET.
I. *Bismarck*, 1 vol. in-12........................ 3 fr. 50
II. *Guillaume II et François-Joseph*, 1 vol. in-16...... 3 fr. 50
III. *Les Complices*, 1 vol. in-12................ *en préparation*

*D'Athènes à Constantinople*, par C. Ibañez de IBERO, 1 vol. in-12, prix........................ 3 fr. 50

*Trois mois de campagne en Galicie*, par Octavian C. TASLAUANU, 1 vol. in-12, prix........................ 3 fr. 5

*Les Compagnons de l'Aventure*, par André TUDESQ, 1 vol. in-12, prix........................ 3 fr. 50

*Les Socialistes et la reconstitution intégrale de la France*, par Charles MAILLARD, 1 brochure in-16............ 1 fr.

*Deux semaines à la Conciergerie* pendant la bataille de la Marne, par H.-P. ROCHÉ, illustrations de *Bonfils*, 1 brochure, prix........................ 2 fr.

*Impressions et choses vues*, par Albert DAUZAT, 1 vol. in-12........................ 3 fr. 50

*Le Journal d'une mère pendant la guerre*, par Mme Ed. DRUMONT, 1 vol. in-12........................ 3 fr.

*Le Feu sur la montagne*, Journal d'une mère, par Noëlle ROGER, 1 vol. in-12........................ 3 fr. 50

*La Province Rhénane et la Westphalie*, Étude économique, par Yves GUYOT, ancien ministre, 1 vol. in-8 avec cartes et graphiques dans le texte............ 3 fr. 50

*Le Carnet d'un Témoin*, par Noëlle ROGER, Passage des évacués à travers la Suisse, I. Genève, 1 brochure in-8........................ 1 fr.

*Les Carnets d'une infirmière*, par Noëlle ROGER. — Premier et Deuxième carnets : *Soldats blessés*, 2 brochures in-8, chacune à........................ 0 fr. 75
— Troisième carnet : *Silhouettes d'hôpital*, in-8...... 0 fr. 75
— Quatrième carnet : *Figures de Héros*. in-8...... 0 fr. 75
— Cinquième carnet : *Héroïques Femmes de France*, in-8........................ 0 fr. 75
— Sixième carnet : *Entre Camarades*, in-8......... 0 fr. 75

*Étapes et batailles d'un hussard*, août-décembre 1914, par René de PLANHOL, 1 brochure in-8............ 1 fr.

*Le Rhin français*, par le Commandant ESPÉRANDIEU, 1 brochure in-12........................ 0 fr. 60

*Le Rhin français*. II. Annexion de la Rive gauche, par Onésime RECLUS, 1 brochure in-12............ 0 fr. 60

*Le Rhin français*. III. Le Rhin gaulois, par Camille JULLIAN, membre de l'Institut, 1 brochure in-12....... 0 fr. 60

*L'Allemagne en morceaux*, Paix draconienne, par Onésime RECLUS, 1 brochure in-12............ 0 fr. 60

www.ingramcontent.com/pod-product-compliance
Ingram Content Group UK Ltd.
Pitfield, Milton Keynes, MK11 3LW, UK
UKHW012202240726
13966UKWH00002B/532

9 782013 411745